期货投资者保护丛书

期海导航

期货投资常识与基础知识

中国期货业协会 | 编著

U1018937

中国财经出版传媒集团
中国财政经济出版社

图书在版编目（CIP）数据

期海导航：期货投资常识与基础知识／中国期货业协会编著. --北京：中国财政经济出版社，2022.5

（期货投资者保护丛书）

ISBN 978-7-5223-1045-9

Ⅰ.①期… Ⅱ.①中… Ⅲ.①期货交易-基本知识 Ⅳ.①F830.9

中国版本图书馆 CIP 数据核字（2022）第 005802 号

责任编辑：贾延平　　　　责任校对：胡永立

封面设计：田　晗　　　　责任印制：刘春年

期海导航——期货投资常识与基础知识

QIHAI DAOHANG QIHUO TOUZI CHANGSHI YU JICHU ZHISHI

中国财政经济出版社 出版

URL：http：//www.cfeph.cn

E-mail：cfeph@cfeph.cn

（版权所有　翻印必究）

社址：北京市海淀区阜成路甲 28 号　邮政编码：100142

营销中心电话：010-88191522　编辑部门电话：010-88190957

天猫网店：中国财政经济出版社旗舰店

网址：https：//zgczjjcbs.tmall.com

北京时捷印刷有限公司印刷　各地新华书店经销

成品尺寸：170mm×240mm　16 开　16.5 印张　232 000 字

2022 年 5 月第 1 版　2022 年 5 月北京第 1 次印刷

定价：41.00 元

ISBN 978-7-5223-1045-9

（图书出现印装问题，本社负责调换，电话：010-88190548）

本社质量投诉电话：010-88190744

打击盗版举报热线：010-88191661　QQ：2242791300

《期货投资者保护丛书》编委会

编委会主任：洪　磊

编委会委员：王明伟　张晓轩　陈东升　吴亚军
王　颖　冉　丽　孙明福

主　　编：洪　磊

执行编委：董文旭　刘方媛

编撰人员：马　刚　邵永同

前　言

30 多年来，我国期货市场规模稳步扩大，整体运行质量和效率不断提高，发现价格、管理风险、配置资源的功能得到发挥，在促进产业升级，助力脱贫攻坚和维护国家经济金融安全等方面发挥着越来越重要的作用。在此过程中，高度重视和切实做好投资者保护工作显得尤为重要。这不但涉及维护社会公平正义，关系广大投资者切身利益，也是推动期货市场创新发展的重要保障。

现阶段，中小投资者仍然是我国期货市场主要的参与群体，处于信息弱势地位，抗风险能力和自我保护能力较弱，合法权益容易受到侵害。与这一情况形成反差的是，期货交易是保证金交易、双向交易，并且实行当日无负债结算制度，具有专业性强和高风险、高收益的特点，在各方面都对投资者提出了很高的要求。投资者在参与期货交易时应当做好自我保护。

党中央、国务院高度重视资本市场投资者权益保护工作。习近平总书记强调，要形成融资功能完备、基础制度扎实、市场监管有效、投资者合法权益得到有效保护的多层次资本市场体系。目前，资本市场将保护投资者特别是中小投资者的合法权益作为工作的重中之重，已形成一套与市场情况相适应的投保制度体系。2013 年，国务院办公厅发布《关于进一步加强资本市场中小投资者合法权益保护工作的意见》，这是首次在国务院层面构建了专门的投资者保护制度体系。2016年，中国证监会发布《证券期货投资者适当性管理办法》，构建了证券期货市场统一的适当性管理体系。2016年、2018年，中国证监会与最高人民法院联合发布《关于全面推进证券期货纠纷多元化解机制建设的意见》，填补了证券期货市场诉调对接制度空白。中国期货业协会作为全国期货业自律性组织，在中国证监会的指导和统筹部署下，积极贯彻落实投保制度要求，开展投资者保护工作。

编写《期货投资者保护丛书》是贯彻落实投保制度的措施之一。该丛书分为上下两册，上册为期货基础知识，下册从入市、交易、维权等环节入手向投资者介绍保护与维权知识。该丛书定位明确、内容全面、说理透彻、紧扣实际。

做好投资者保护工作，不但监管部门和行业自律性组织要积极履行自身职责，投资者作为当事人，更要不断增强自我保护能力，在参与期货交易时，具备期货基础知识，充分认识期货交易风险，做好自我评估和入市前的各项准备工作，在交易过程中，按照政策法律规定和合同约定，行使自身权利，履行自身义务，掌握必要的维权知识，切实保护好自身权益。

中国期货业协会

2022年4月

目　录

第一章

期货市场的前世今生

期货市场的历史并不长，从诞生至今不过一百多年，然而，这一金融工具在现代市场经济的运行中，正发挥着越来越重要的作用。现今的期货市场，主要的交易品种为期货和期权。在国际上，几乎所有的大宗商品和主要金融产品都已推出了对应的期货交易和期权交易，而且，其交易量通常都是几倍甚至几十倍于同品种现货的交易量。本章旨在让大家知晓期货市场是如何产生、壮大的，也让大家对目前国内外期货市场的现状有一个清楚的了解。

CBOT 解决了农产品交易大问题

19 世纪 30 年代末，芝加哥还只是一个拥有几千人的小城市，但是由于地处美国的粮仓——五大湖地区，成为全美最大的谷物集散地。农产品生产具有周期性和季节性特点，在农产品的收获季节，供大于求的局面往往导致价格大幅度下跌，农场主被迫降低价格销售，甚至大幅降价后仍然卖不掉；而在青黄不接时期，由于供给短缺，农产品价格又会大幅上涨。再加上当时交通不便，不能在空间上缓解地区供求矛盾；仓库稀缺，不能在时间上缓解不同时期的供求矛盾；信息传播条件有限（当时没有收音机，没有电视机，连电话还没发明），交易商的信息搜索成本非常大。种种不利条件更加剧了价格波动的幅度。剧烈的价格波动风险使所有农场主、农产品贸易商、加工商都感到头痛。

为了解决这些问题，1848 年，82 位商人（农场主、农产品贸易商和加工商）自动发起设立芝加哥谷物交易所，即芝加哥期货交易所（Chicago Board of Trade，CBOT）的前身。芝加哥谷物交易所成立之初，主要是改进运输和储存条件，同时为会员提供价格信息等服务。1851 年，交易所开始引进现货远期交易。

所谓现货远期交易，就是买卖双方约定在将来进行钱货交割的交易行为。如果钱货交割发生在现在，那就是现货交易；如果交割时间在将来，那就是远期交易。

现货交易是人类有史以来最普遍的交易方式，其特点就是一手交钱一手交货。在生产力低下、交易规模不大的时代，现货交易完全能够满足交易需求。但当交易规模越来越大时，这种交易方式的不方便之处就越来越突出。

现货远期交易方式的特点是买卖双方先就远期交易进行一对一的谈判，订立一份在未来进行钱货交割的合同。远期交易具有的优点是：买卖双方可以灵活地根据自身的需要签订合同，同时利用预签的合同安排生产。由于价格提前敲定，等于锁定了买卖价格，即使今后市场价格出现不利于自己的波动也不用担心。芝加哥期货交易所的交易规模也因此得到了迅速的提高。

但在实际运作中，芝加哥期货交易所也出现了种种令人烦恼的事情。

最大的烦恼是经常会出现交易商违约事件。比如，当初合同规定半年后的交割价格，半年后价格上升很多，卖方觉得亏了，有意违约的情况经常会发生；反之，如果价格下跌很多，买方也会产生有意违约的愿望。

交割时产生的纠纷也令人头疼，原因可以说不一而足，比如货物的质量、交付时间、数量损益等等，或者是买方拖欠货款或故意找茬。如果双方在签订合同时对一些具体问题没有约定或约定不明，一旦后来有所涉及，便会引起纠纷。

还有一个问题也十分突出，那就是合同转让非常不容易。买卖双方中一方因为情况发生变化，不想执行原合同，如果合同可以转让，不失为一个很好的解决方法。但由于远期合同的具体条款是一对一谈判而定的，对其他人不一定适合，合同转让的难度无疑就增加了。

面对这些烦恼，交易所经过多年探索，终于在 1865 年推出标准化合约，以取代原有的现货远期合约。同年，又推出履约保证金制度。所谓标准化合约是指合同的内容标准化，比如每张合约代表多少货物、货物的质量标准、交割时间、交割地点等都由交易所事先明确规定。显然，这对于减少纠纷、方便合约转让具有重大作用。而保证金制度使交易所掌握了制裁违约者的武器，有力地抑制了交易者的违约行为。

标准化合约的诞生，标志着现代意义上的期货交易及其基本交易原则已在芝加哥期货交易所内萌芽。

1882 年，交易所开始允许交易者以对冲方式免除履约责任，方便投机者进行交易，使交易的流动性大大提高。1883 年，交易所又成立了结算协会。结算体系的出现，标志着现代意义上的期货交易终于成形。1925 年，芝加哥期货交易所结算公司成立，规定所有在交易所内达成的交易都必须在结算公司进行结算，进一步规范期货交易行为，推动期货交易的完善与发展。

CBOT 成功地解决了长期困扰农产品交易商们的难题，交易日趋繁荣。在 CBOT 成功的启示下，美国各地掀起了举办农产品期货交易所的热潮。芝加哥商业交易所（CME）、纽约市咖啡交易所、堪萨斯期货交易所、中美洲商品交易所、明尼阿波利斯谷物交易所、纽约棉花交易所、纽约商品交易所等先后在 19 世纪下半叶成立。后来这种方式又进一步扩散到了世界各地。期货交易的普及，也使期货交易的作用和功能逐渐被人们所认知。

金属期货的产生和崛起

英国在工业革命之后，国力迅速上升。1860 年，英国制造业占世界经济总量的 19.9%，成为世界经济史上第一个被称为“世界工厂”的国家。制造业的高度发达，使其对各种工业原料有着庞大的需求量。大量的金属原料来自南美、非洲和远东地区。在当时的条件下，穿越大洋运输铜和锡有很大的风险：一些货物可能会误期到达，还有一些可能根本不会到达。“未来到货”市场的兴起，使商人们着眼于预约价格，而预约价格的得出则来自商人们对可能的到货期和届时用户需求的判断与估计。

1876 年 12 月，伦敦金属交易所有限公司作为最初的伦敦金属交易所（LME）正式成立。尽管当时还没有正式的标准合约，但已经确定以智利铜棒、马来西亚和新加坡的锡分别作为铜和锡的基准级别，并以 3 个月作为远期合同的交货期（从圣地亚哥和新加坡到英国的航行时间大约为 3 个月）。1899 年，铜和锡的交易开始采用现在交易的方式，即分上、下午两场，每场又分为两轮交易。由于交易所禁止在正式交易时间结束后继续场内交易，而正式交易的时间又太短，满足不了交易商们的需求，于是一些商人便在正式交易时间结束后跑到大楼外面的街上继续进行交易，而在街上交易的喧嚷声又引起警方的干预。随后交易所便允许交易商们在正式交易时间结束后继续在场内进行非正式的交易，而由此引出的“场外交易”

(Kerb Dealing) 名词一直沿用至今。

直到现在，伦敦金属交易所依然是世界上影响最大的金属交易所。该交易所上市的品种有铜、锡、铅、锌、铝、镍、钴、铝合金、白银、黄金、废钢、螺纹钢等。大家还应知道的是，这个世界上最大的金属交易所在 2012 年被我国的香港交易所收购。

美国的金属期货交易起步晚于英国，具有代表性的是成立于 1933 年的纽约商品交易所（COMEX）。该交易所目前上市的金属品种有黄金、白银、铜、铝等。1974 年该交易所上市的黄金期货，在国际市场上有一定影响。

能源期货的诞生和繁盛

能源期货的产生也是由价格波动不断放大导致的。1973 年以前，尽管美国、西欧和日本的石油供应很大部分来自中东地区，但由于第三世界产油国的政治经济力量都比较弱小，国际油价实际上是控制在以美国为首的一些国家手中。当时，以固定价格为主的长期合同一签就是若干年。油价几乎没有短期变化，国际石油市场一直处于比较平稳的状态。

1973 年，中东产油国政府从各大石油公司手中将石油开采、销售权收归国有。当年 10 月，第四次中东战争爆发。为打击以色列及其支持者，石油输出国组织的阿拉伯成员国当年 12 月宣布将其基准原油价格从每桶 3.011 美元提高到 10.651 美元，油价猛然上涨了 2 倍多，从而触发了第二次世界大战之后最严重的全球经济危机。1978 年底，世界第二大石油出口国伊朗的政局发生剧烈变化，石油产量受到影响，从每天 580 万桶骤降到 100 万桶以下，打破了当时全球原油市场上供求关系的脆弱平衡。油价在 1979 年开始暴涨，从每桶 13 美元猛增至 34 美元，导致了第二次石油危机的出现。

两次石油危机，给世界石油市场带来了巨大冲击，石油等能源产品价格剧烈波动。在此背景下，石油等能源期货产生。1974 年，纽约商业交易所（NYMEX）尝试推出了交割地为鹿特丹的燃油期货。1978 年，NYMEX 又推出以纽约港为基准的二号取暖油期货。1983 年，推出了 WTI 原油期货，由此决定了美国北部以及后来逐渐发展到海湾地区的石油产品的价格。

尽管能源期货交易产生较晚，但在商品期货中呈现出后来居上的态势。美国期货业协会（FIA）的统计数据表明，2013 年以来，全球各类商品期货中，能源期货的交易量超过农产品期货和金属期货。目前，在世界上影响较大的能源产品交易所有芝商所（CME）集团的纽约商业交易所（NYMEX）和洲际交易所（ICE）。ICE 于 2001 年收购了 20 年历史的伦敦国际石油交易所（IPE，成立于 1981 年 4 月）。NYMEX 的上市品种有 WTI 原油、轻质原油、取暖油、天然气、无铅汽油等，ICE 的上市品种有布伦特原油、WIT 原油、汽油、取暖油等。2014 年以来，国内期货市场先后上市了燃料油、焦炭、焦煤、石油沥青、动力煤、原油、液化石油气、低硫燃料油等品种。

大器晚成的金融期货

金融期货是指以金融工具或金融产品作为标的物的期货交易。由于其标的物不是传统的实物商品，而是外汇、债券、股票及股票指数这些金融工具或金融产品，故称为金融期货，同时，我们将以往的农产品、金属产品、能源产品等有形产品作为标的物的期货品种称为商品期货。

金融期货诞生至今有近 50 年历史，其发展势头迅猛，诞生后没几年便超越了商品期货。目前，全球金融期货在所有期货交易中所占的比例高达 80% 以上。金融期货的出现不仅改变了期货市场的格局，而且也推动了世界期货市场的空前发展。近二三十年来，不少国家和地区新推出的期货交易，基本上都是以金融期货作为突破口。

金融期货主要分为三大类，按其先后出现的次序，即外汇期货、利率期货及股指期货（包括股票期货）。

外汇期货的产生

第二次世界大战行将结束的1944年，西方主要工业化国家首脑在美国的布雷顿森林召开会议，创建了国际货币基金组织。根据《布雷顿森林协议》，每1美元币值相当于1/35金衡盎司黄金含量，并规定各国的中央银行将本国的货币汇率与美元含金量挂钩，将汇率波动范围限制在上下1%之内，这就是所谓的固定汇率制。固定汇率制对战后世界经济的发展，特别是对西欧各国经济的复兴和国际货币金融秩序的相对稳定都起到了重要的作用。由于汇率波动极为有限，各经济主体的外汇风险自然有限，从而对外汇避险工具的需求自然也不大。

然而，进入20世纪60年代，随着美国经济实力的相对下降和国际收支逆差日益增大，以及欧洲经济恢复和实力相对增强，固定汇率制度开始发生动摇，联邦德国等欧洲先进工业国家积累大量的美元外汇，由于害怕美国无法实现自由兑换的承诺，纷纷向美国挤兑黄金，造成美国黄金储备急剧减少。为挽救此局面，美国政府不得不于1971年8月15日宣布实行“新经济政策”，停止其对外国政府和中央银行履行美元兑黄金的义务。当年年底，“十国集团”在美国签订“史密森协议”，宣布美元对黄金贬值7.89%，且汇率波动范围限制扩大到2.25%。但是，此举仍无法阻挡美元危机的继续发生与进一步加剧，拖至1973年2月，美国政府不得不宣布美元再一次贬值10%，引发各国政府纷纷宣布其货币与美元脱钩。布雷顿森林体系就此崩溃，浮动汇率制从此取代固定汇率制。

芝加哥商业交易所（CME）一直关注着货币市场，因为一旦布雷顿森林体系破产，浮动汇率制必将给期货市场带来新的机遇。CME董事长梅拉梅德在1971年专程拜访诺贝尔经济学奖得主弗里德曼博士。弗里德曼博士非常赞同当布雷顿森林体系破产时推出外汇期货，并于当年12月写下了题为《货币需要期货市场》的论文，极大地鼓舞了CME开设外汇期货的决心和信心。CME随即着手组建国际货币市场分部（IMM），并于1972年5月16日正式推出英镑、加拿大元、德国马克、日元、瑞士法郎、墨西哥比索及意大利里拉七种外汇期货合约交易。

IMM推出外汇期货，可谓是生逢其时，随后产生的经济动荡以及布雷顿森林体系的正式崩溃，使外汇期货在市场上很快站稳了脚跟。

利率期货的产生

在布雷顿森林体系下，不但各国的汇率是相对固定的，在利率政策上也基本一致。然而到了20世纪70年代，严重的经济滞胀局面以及布雷顿森林体系的最终崩溃，使各国的经济政策纷纷改弦更张。与放弃固定汇率制一样，利率不但不是管制的对象了，反而成为政府着意用来调控经济、干预汇率的一个工具。利率管制的取消使利率波动日益频繁而剧烈，利率风险日益成为各经济主体，尤其是各金融机构所普遍面临的一个最重要的金融风险。

1975年10月，经过数年的周密调查研究后，CBOT在美国政府有关机构的协助下推出了有史以来第一张利率期货合约——政府国民抵押协会（Government National Mortgage Association Certificates，GNMA）抵押凭证（Collateralized Depository Receipt，CDR）期货合约，随后一系列新的利率期货品种陆续登场。其中，较为重要的有：3个月后的1976年1月，在弗里德曼的发起下，IMM推出91天的美国国库券期货合约；1977年8月，CBOT又推出美国长期国债期货合约；1981年7月，IMM、CBOT及纽约期货交易所（NYSE）同时推出的美国国内可转让定期存单期货交易；1981年12月，IMM推出的现金交割的3个月欧洲美元定期存款期货合约。

股指期货的产生

20 世纪 70 年代，西方各国的股票市场在经济危机和金融混乱的双重压力下，危局频频出现。堪萨斯市交易所（KCBT）在 1977 年 10 月向美国商品期货交易委员会（CFTC）提交了开展股票指数期货交易的报告，并提议以道琼斯的“30 种工业股票”指数作为交易标的。由于道琼斯公司的反对，KCBT 改而决定以 Arnold Bernhard Co.，Inc. 的价值线综合指数（Value Line Composite Index）作为期货合约的交易标的。1979 年 4 月，KCBT 修改了给 CFTC 的报告，等待其核准。

尽管 CFTC 对此报告非常重视，然而，由于美国证券交易委员会（SEC）与 CFTC 在谁来监管股指期货这个问题上产生了分歧，造成无法决策的局面。1981 年，新任 CFTC 主席菲利普·M. 约翰逊和新任 SEC 主席约翰·夏德达成《夏德－约翰逊协议》，明确规定股指期货合约的管辖权属于 CFTC。1982 年该协议在美国国会通过。同年 2 月，CFTC 批准 KCBT 的报告。2 月 24 日，KCBT 推出价值线指数期货合约交易。4 月 21 日，CME 也推出 S&P500 股指期货交易。紧接着的是 NYFE 于 5 月 6 日推出的 NYSE 综合指数期货交易。

股指期货一诞生，就取得了空前的成功，价值线综合指数期货合约推出的当年就成交 35 万张，S&P500 股指期货的成交量则更大，达到 150 万张。1984 年，股票指数期货合约交易量已占美国所有期货合约交易量的 20% 以上，其中 S&P500 股指期货的交易量更是引人注目，成为世界上第二大金融期货合约。S&P500 指数在市场上的影响也因此急剧上升。

股指期货的成功，不仅大大促进了美国国内期货市场的规模，而且也引发世界性的股指期货交易热潮。不仅引起国外一些已开设期货交易的交易所竞相仿效，纷纷开办其各有特色的股指期货交易，连一些从未开展期货交易的国家和地区也纷纷将股指期货作为开展期货交易的突破口。

股票期货的产生和发展

股票期货是以股票为标的物的期货合约。与股指期货一样，同样是由股票市场衍生出来的期货交易。两者的差别为：股票期货合约的对象是指单一的股票，而股指期货合约的对象是代表一组股票价格的指数。因而市场上通常将股票期货称为个股期货。

个股期货并非美国首创，这与美国当时的政策有关。1981 年，《夏德－约翰逊协议》在解决股指期货难题的同时，做出了禁止单一股票与狭基股票指数期货交易（所谓狭基股票指数，是指由 9 只或更少的股票组成的指数）的决定。然而，美国的禁止并不能捆住其他国家的手脚。从 20 世纪 80 年代末起，北欧一些交易所开始推出股票期货，之后陆续有十多家交易所推出了股票期货合约，其中主要有澳大利亚悉尼期货交易所、瑞典斯德哥尔摩期货交易所（OM）、芬兰赫尔辛基交易所、英国伦敦国际金融期货期权交易所（LIFFE）等。在国际竞争的压力下，美国国会在 2000 年 12 月通过《2000 年美国商品期货现代化法案》，取消以往对证券期货、期权合约的禁止性规定。不久，芝加哥期权交易所（CBOE）、芝加哥商业交易所（CME）和芝加哥期货交易所（CBOT）就联合发起成立了一个取名为 One Chicago 的新交易所，于 2002 年 11 月 8 日正式开始个股期货交易。

股票期货是近年来发展较快的一个期货品种，尽管从绝对量来说并不是很大，但增加的幅度极其可观。

新型期货产品

近十年来，世界上又出现了一大批既不能归于商品又不能归于金融的新型期货交易品种：各种商品指数期货，如 CRB 指数期货、橡胶指数期货、道琼斯 AIG 商品指数期货；与环保相关的期货，如澳大利亚的悉尼期货交易所（SFE）推出的全球第一张环保合约——地球大气层二氧化硫浓度期货合约；天气期货，如芝加哥商业交易所推出的热度日（Heating Degree Day，HDD）和冷度日（Cooling Degree Day，CDD）期货和期权；更有甚者，伊拉克前总统萨达姆失踪后，都柏林的 Trade Sports 交易所随即制定并推出了与萨达姆被捕相关的期货合约。

期权交易的开端

期货市场上除了期货交易外，还有一个重要交易方式，那就是期权交易。

1973 年以前，美国已经有期权交易，但只是以场外交易方式存在。场外期权交易流动性差、成本高及存在很大的违约风险，频频出现的违约情况，使期权交易在公众心目中的形象越来越差。以至于在 20 世纪 70 年代以前，美国政府一度禁止进行期权交易。

1973 年 4 月 26 日，芝加哥期货交易所（CBOT）出资成立芝加哥期权交易所（CBOE）。CBOE 开创了期权交易在场内集中交易的先例，使期权交易进入完全统一化、标准化以及管理规范化的全面发展新阶段。由于期权交易合约标准化了，投资者进行交易时的方便程度大大提高。历史资料显示，CBOE 在开张不久的 1974 年 3 月，一个月的成交量就超过美国 1972 年全年 OTC 的成交量。市场的流动性大大增加，产生了良好的“马太效应”。一些原来在 OTC 进行交易的交易商也纷纷改换门庭，OTC 市场的交易量不断萎缩，业务越来越局限于那些交易期限较长、不大符合上市要求的期权品种上。

CBOE 在股票期权交易上的成功，起到极好的示范作用。1978 年，英国伦敦证券交易所、荷兰的欧洲期权交易所也相继推出股票期权交易。

期权交易已占半壁江山

进入20世纪80年代，期权交易出现新的变化。一是期权交易迅速在世界各国的期货交易所扩展。从南北美洲的美国、加拿大、巴西、阿根廷到欧洲的法国、荷兰、德国、瑞士、芬兰、英国，一直到亚太地区的日本、新加坡、澳大利亚及中国香港等，都建立了期权交易所或推出了期权交易。二是期权交易的对象逐渐扩展到其他品种。

20世纪70年代中期以后，英国伦敦金属交易所开始非正式地大量开展金属期权交易。1982年，加拿大蒙特利尔交易所引进外汇期权交易。而后，澳大利亚的悉尼期货交易所开始银行票据和带息证券期权（即利率期权）交易。1981年，美国解除以往的期货交易所不得开展期权交易的禁令，拉开了将期权交易方式应用于其他传统农产品期货合约和金融期货合约的序幕。1982年，CME全面开展股指期货期权等期权交易。同时，CBOT也成功地将期权交易方式应用于政府长期国债的合约买卖活动。期权交易的队伍迅速壮大，以至于现在的期权交易，早已不是仅仅以股票为对象，而是包括各种传统的实物商品（农产品、能源产品、金属产品等）与金融产品（股票、股指、外汇以及利率）。可以这么说，在当今世界上的期货交易所内，凡是具备一定交易规模的期货合约都有相应的期权合约，期权合约已成为相关期货合约的配套合约，期权交易已成为期货市场的有机组成部分。期权交易双扩展局面的形成，使期权交易量增长迅猛。2000年，全球期权交易的总量第一次超过期货交易的总量。

图1－1显示2000—2020年全球金融/商品类场内衍生品、期货/场内期权市场占比变化情况，数据来自美国期货协会（FIA）历年交易量统计。

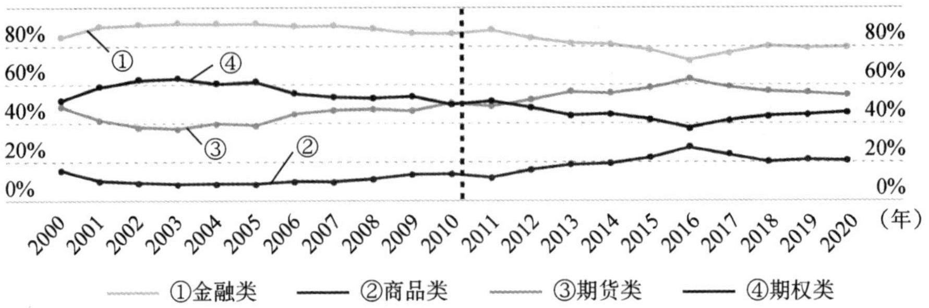

图 1-1　2000—2020 年全球金融/商品类场内衍生品、期货/场内期权市场占比变化情况

数据来源：FIA。

全球期货市场的现状

图 1-2 是 2011—2020 年 10 年全球各类场内衍生品市场份额变化情况。

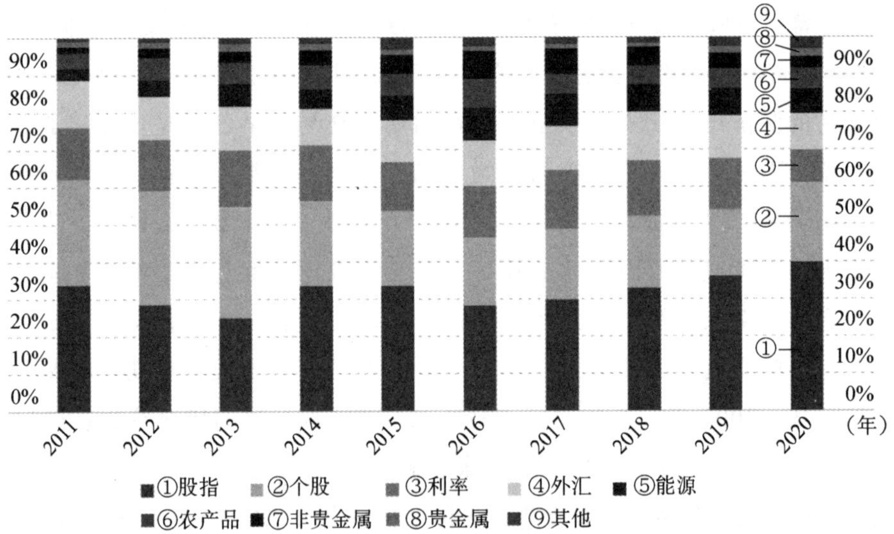

图 1-2　2011—2020 年全球各类场内衍生品市场份额变化情况

数据来源：FIA。

国内期货市场的产生及二次整顿

20 世纪 20 年代，我国已有期货交易。1949 年，新中国成立，全面实行计划经济，期货交易失去存在的必要性，开展期货交易的交易所全部被关闭。20 世纪 80 年代，我国进入改革开放时期，随着价格改革的深入，期货交易的作用又重新被专家学者提起。1988 年 3 月，七届人大的《政府工作报告》正式提出要“探索期货交易”，开展期货交易被提上议事日程。

1990 年 10 月 12 日，郑州粮食批发市场开业，1993 年 5 月 28 日推出期货交易；1992 年 1 月 18 日，深圳有色金属交易所正式开业；同年 5 月 28 日，上海金属交易所开业。到 1993 年下半年，全国各地已成立 50 多家期货交易所及近千家期货经纪机构。

针对期货市场盲目发展的状况，1993 年 11 月 4 日，国务院下发《关于制止期货市场盲目发展的通知》，开始第一次清理整顿行动。在这一次清理整顿行动中，最终有 15 家交易所被确定为试点交易所，一些交易品种也因种种原因被停止交易。1998 年 8 月 1 日，国务院下发《国务院关于进一步整顿和规范期货市场的通知》，开始第二次清理整顿行动。在这次清理整顿中，15 家交易所被压缩合并为 3 家，交易品种也有所减少。两次整顿止住了我国期货市场无序的混乱局面，在法规建设及制度建设上取得很大成绩。

国内期货市场进入规范和全面发展阶段

在期货市场二次整顿中，由于交易品种逐渐减少，全国的期货交易量呈现萎缩趋势。1995 年全国期货交易金额为 5.03 万亿元（单边），到

2000 年，全国期货交易金额只有 0.8 万亿元。整顿结束后，期货业的规范程度大大提高，“稳步发展期货市场”重新被提上议事日程。期货交易量呈现出恢复性增长局面，2003 年，全国期货交易金额达到 5.42 万亿元，这是整顿后历史记录第一次被刷新。

期货市场在国民经济中的正面作用逐渐显露出来，政府对期货市场也越来越重视。2004 年，在国务院批准下，燃料油、棉花和玉米三个新品种先后上市交易。当年的交易金额创下新高，达到 7.35 万亿元。随着新品种的不断上市，交易规模接连上了几个台阶。2006 年，中国金融期货交易所成立，2010 年 4 月，我国第一个金融期货品种——沪深 300 股指期货正式上市交易。2010 年以来，以金融期货和场内期权交易的推出为标志，从商品期货到金融期货、从期货到期权、从场内交易到场外交易、从境内市场到境外市场，国内期货及衍生品市场进入全面发展阶段。2020 年，国内交易所期货、期权市场累计成交量和成交额达 61.53 亿手和 437.53 万亿元，成交量和成交额均突破近年历史高位。

期货业发展的基础——法制化

图 1-3 显示了国内期货业高速增长的势头，可贵的是，在交易量高速增长的同时，期货业内的纠纷和以往经常发生的恶性事件反而越来越少了，过去在业内时常听闻的期货公司挪用客户保证金的行为基本绝迹。在交易量高速增长的同时，期货交易的手续费也有了大幅降低。

国内期货业之所以能够实现规范有序发展，与国内期货市场的法制建设及监管措施的不断完善有着很大的关系。在期货业整顿期间及之后，一系列法律法规相继出台，夯实了中国期货市场的制度基础，为期货市场的健康发展提供了制度保障。

在期货业第二次整顿期间的 1999 年，国务院就颁布了《期货交易管理暂行条例》，与其配套的《期货交易所管理办法》《期货经纪公司管理

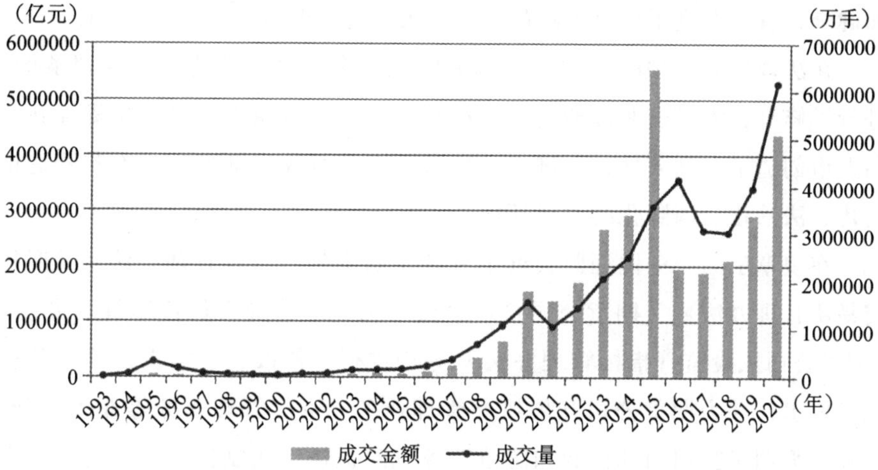

图 1-3 1993—2020 年国内期货市场成交量和成交额(单边计算)统计

办法》《期货经纪公司高级管理人员任职资格管理办法》和《期货从业人员资格管理办法》也由中国证监会相继发布。

2000 年 12 月,中国期货业协会成立,标志着中国期货业行业自律管理组织的诞生,从此确立了国内期货市场由中国证监会的行政监督管理、期货业协会的行业自律管理和期货交易所的自律管理构成的三级监管体制,对于形成和维护良好的期货市场秩序起到了积极作用。

2006 年 5 月,中国期货保证金监控中心(现更名为"中国期货市场监控中心")成立。通过建立核对系统和查询系统,监控中心对期货公司的保证金管理进行监控,发现问题及时通知期货监管部门及相关机构进行处理;同时,监控中心为期货投资者提供有关期货交易结算信息查询及其他服务。此外,其还按照中国证监会、财政部的共同指定代管期货投资者保障基金。

2007 年,国务院修订发布《期货交易管理条例》(2012 年 10 月又修订了一次),同时,中国证监会也重新修订或发布《期货交易所管理办法》《期货公司管理办法》《期货投资者保障基金管理暂行办法》《期货公司董事、监事和高级管理人员任职资格管理办法》及《期货从业人员管理办法》。

党的十八大以来,依法治国理念深入人心,期货市场法律法规体系更加健全，有力促进了期货市场的创新发展和对外开放。

在法规层面，2012 年以来，国务院先后多次对《期货交易管理条例》进行了修订，为打击非法期货交易活动，推动国债期货、原油期货等新产品上市创造了有利条件，也进一步精简了有关行政审批事项，不断营造市场化、法治化、国际化的发展环境。

在规章层面，中国证监会近年来对《期货公司监督管理办法》《期货交易所管理办法》《期货公司董事、监事和高级管理人员任职管理办法》《期货公司风险监管指标管理办法》等均进行了修改，切实贯彻简政放权相关要求，并为期货公司开展风险管理业务、资产管理业务等业务创新，以及加强期货公司内部控制和防范财务风险提供了法制保障。为适应期货市场对外开放需要，中国证监会还于 2015 年、2018 年分别发布了《境外交易者和境外经纪机构从事境内特定品种期货交易管理暂行办法》和《外商投资期货公司管理办法》，为引入境外交易者和境外经纪机构参与中国期货市场，以及外资入股期货公司提供了法制依据。为适应市场发展和监管需要，中国证监会发布了《关于 < 期货交易管理条例 > 第七十条第五项"其他操纵期货交易价格行为"的规定》，细化规定了"操纵期货交易价格的行为"的若干情形，进一步强化行政监管，确保期货市场有序发展，持续增强期货市场服务实体经济能力。

在规范性文件层面，中国证监会修订《期货公司保证金封闭管理办法》，发布《证券期货投资者适当性管理办法》，凸显了加强期货投资者保护、防范市场风险的重要意义。

此外，各期货交易所、中国期货业协会、中国期货市场监控中心还发布了很多管理规定和业务规则，用以调控期货交易秩序、防范市场风险和规范执业行为。其中，中国期货业协会发布的《期货从业人员执业行为准则》《中国期货业协会纪律惩戒程序》等规定从内容和程序上对期货公司及其从业人员的展业（执业）行为进行了规定，促进了整个期货行业的规范发展和合法经营。

2021 年 4 月 26 日，十三届全国人大常委会第二十八次会议首次审议了《中华人民共和国期货法（草案）》，并面向全社会公开征求意见。

国内期货和期权上市品种

截至2021年9月底，国内共有5家期货交易所、3家证券交易所，共上市了94个期货和期权品种。商品期货品种有农产品、贵金属、非贵金属、能源化工产品等，金融期货品种则有股指期货和国债期货。交易所交易的期权品种覆盖了商品期货期权和金融期权。商品期货中有一些品种在全球属于首创。一些品种的交易量在全球交易量的排名遥遥领先。

表1-1　中国境内上市的期货和期权品种（截至2021年9月30日）

交易所	类别	上市品种
上海期货交易所	期货	铜、铝、锌、铅、镍、锡、黄金、白银、线材、螺纹钢、热轧卷板、燃料油、石油沥青、天然橡胶、纸浆、不锈钢、20号胶、低硫燃料油、纯碱、国际铜、原油
	期货期权	铜、铝、锌、天然橡胶、黄金、原油
郑州商品交易所	期货	优质强筋小麦、普通小麦、棉花、白糖、精对苯二甲酸（PTA）、油菜籽、菜籽油、菜籽粕、早籼稻、甲醇、玻璃、动力煤、粳稻、晚籼稻、硅铁（铁合金）、锰硅（铁合金）、棉纱、苹果、红枣、尿素、花生、短纤、纯碱
	期货期权	白糖、棉花、甲醇、PTA、菜籽粕、动力煤
大连商品交易所	期货	黄大豆1号、黄大豆2号、豆油、豆粕、玉米、玉米淀粉、棕榈油、鸡蛋、胶合板、线型低密度聚乙烯（LLDPE）、聚氯乙烯（PVC）、聚丙烯、焦炭、焦煤、铁矿石、纤维板、粳米、生猪、乙二醇、苯乙烯、液化石油气
	期货期权	豆粕、玉米、铁矿石、聚乙烯、聚丙烯、聚氯乙烯、液化石油气、棕榈油
中国金融期货交易所	期货	沪深300股指、上证50股指、中证500股指、5年期国债、10年期国债、2年期国债
	期权	沪深300股指期权

续表

交易所	类别	上市品种
上海证券交易所	期权	上证 50ETF、华泰柏瑞沪深 300ETF
深圳证券交易所	期权	嘉实沪深 300ETF

国内期货公司的新业务

2011 年之前，国内期货公司的业务仅限于期货经纪业务，自 2011 年开始，在中国证监会的部署下，期货公司的经营范围开始有所扩大。迄今为止，已推出三项新的业务。

（一）期货投资咨询业务

2011 年 3 月 23 日，中国证监会颁布《期货公司期货投资咨询业务试行办法》（以下简称《办法》）。自当年 5 月 1 日起开始实施。

《办法》规定，经中国证监会批准取得期货投资咨询业务资格的期货公司可以基于客户委托从事下列营利性活动：

1. 协助客户建立风险管理制度、操作流程，提供风险管理咨询、专项培训等风险管理顾问服务；

2. 收集整理期货市场信息及各类相关经济信息，研究分析期货市场及相关现货市场的价格及其相关影响因素，制作、提供研究分析报告或者资讯信息的研究分析服务；

3. 为客户设计套期保值、套利等投资方案，拟定期货交易策略等交易咨询服务；

4. 中国证券监督管理委员会（以下简称“中国证监会”）规定的其他活动。

（二）期货公司资产管理业务

2012 年 7 月 31 日，中国证监会公布《期货公司资产管理业务试点办法》（以下简称《办法》），自当年 9 月 1 日起施行。

《办法》规定，经中国证监会批准取得资产管理业务试点资格的期货公司可以从事资产管理业务。

资产管理业务是指期货公司接受单一客户或者特定多个客户的书面委托，根据本《办法》规定和合同约定，运用客户委托资产进行投资，并按照合同约定收取费用或者报酬的业务活动。

资产管理业务的客户应当具有较强资金实力和风险承受能力。单一客户的起始委托资产不得低于 100 万元人民币。期货公司可以提高起始委托资产要求。

（三）期货公司设立风险管理子公司

2012 年 12 月 21 日，中国期货业协会发布《期货公司设立子公司开展以风险管理服务为主的业务试点工作指引》。2014 年 3 月启动修订工作，于 8 月发布了新的修订版。

风险管理公司可以开展的试点业务有：

1. 基差交易；
2. 仓单服务；
3. 合作套保；
4. 定价服务；
5. 做市业务；
6. 其他与风险管理服务相关的业务。

修订版规定：风险管理公司客户应为商业实体、金融机构、投资机构等法人或组织，以及可投资资产高于 100 万元的高净值自然人客户。

符合修订版规定条件的期货公司都可以设立风险管理公司。期货公司设立风险管理公司实行备案制，完成工商登记后 5 个工作日内向中国期货业协会提交备案材料，由中国期货业协会进行自律管理。

第二章

期货合约和交易制度面面观

期货交易的交易对象是期货合约，从事期货交易，必须对期货合约有清楚的理解。除此之外，进入期货市场还应该通晓期货交易的基本制度，交易制度是所有市场参与者必须遵守的规章和准则，也是期货市场得以正常运作的基本保障。

期货标准合约

我们知道，一份远期合同（合约）涉及多个要素，最主要的要素有：（1）商品名称及质量等级；（2）商品计量单位及数量；（3）交货日期；（4）交货地点；（5）价格。

买卖双方一对一订立合同（合约）时，上述要素都可以谈判。显然，这种因人而异的合约是非标准的。而所谓标准合约是指交易者在交易所买卖时，合约的上述要素中，除第（5）条价格外，都由交易所预先统一规定。比如，在上海期货交易所买卖铜期货，交易所规定：每一个合约对应数量是 5 吨，质量必须符合国标 GB/T 467—2010 中 1 号标准铜（Cu - CATH - 2）规定，其中主成分铜加银含量不小于 99.95%。替代品必须符合国标 GB/T 467—2010 中 A 级铜（Cu - CATH - 1）规定，或符合 BSEN 1978：1998 中 A 级铜（Cu - CATH - 1）规定。交货地点为交易所指定的交割仓库。交货日期为指定合约月份最后交易日后连续 3 个工作日。如此一来，买卖双方在交易之前就已明确知道自己应该承担的责任和义务。例如，某交易者在 3 月 5 日卖出 10 张 6 月份的合约，6 月 15 日为最后交易日，意味着他应该在 6 月 15 日之后的 3 个交易日期间将 50 吨符合质量要求的铜送至交易所的交割仓库，由交易所负责交给买方，同时由交易所负责将全部货款付给他。

对于非实物的股指期货，由于交易对象是一个统计数字，很难进行实物交割，因此普遍采用现金交割方式。只要在合约中规定一个合约乘数就可以同商品期货一样进行交易。

表 2 - 1 是铜期货合约和沪深 300 股指期货合约的样式。

表 2－1　　铜期货合约和沪深 300 股指期货合约

交易品种	阴极铜	沪深 300 指数
交易单位或合约乘数	5 吨/手	每点 300 元
报价单位	人民币元/吨	指数点
最小变动价位	10 元/吨	0.2 点
每日价格最大波动限制	不超过上一交易日结算价 ±3%	上一个交易日结算价的 ±10%
合约交割月份	1～12 月	当月、下月及随后两个季月
交易时间	9:00～11:30，13:30～15:00 夜盘时间：21:00 至次日凌晨 1:00	9:30～11:30，13:00～15:00 最后交易日：9:15～11:30，13:00～15:00
最后交易日	合约交割月份的 15 日（遇法定节假日顺延）	合约到期月份的第三个周五，遇国家法定假日顺延
交割日期	最后交易日后连续 3 个工作日	同最后交易日
交割等级	标准品：阴极铜，符合国标 GB/T 467—2010 中 1 号标准铜（Cu－CATH－2）规定，其中主成分铜加银含量不小于 99.95% 替代品：阴极铜，符合国标 GB/T 467—2010 中 A 级铜（Cu－CATH－1）规定，或符合 BSEN 1978：1998 中 A 级铜（Cu－CATH－1）规定	
交割地点	交易所指定交割仓库	
交易保证金	合约价值的 5%	合约价值的 8%
交易手续费	0.5‱	0.23‱
交割方式	实物交割	现金交割
交易代码	CU	IF
上市交易所	上海商品交易所	中国金融期货交易所

交易品种、交易单位或合约乘数

交易单位指每手期货合约代表的标的商品的数量。例如，上海期货交易所1手铜期货合约为5吨；郑州商品交易所规定，1手白糖期货合约的交易单位为10吨；中金所1手5年期国债期货合约是符合规定的100万元面值的国债。在交易时，只能以交易单位的整数倍进行买卖。

交易单位与价格相乘就可以得到合约规模（合约价值或合约金额）。比如，假设铜的价格为每吨50000元，因为1手合约为5吨，即1手铜期货合约的金额为250000元。

商品期货、国债期货的交易单位比较容易理解。对股指期货而言，由于指数只是一个抽象的统计数字，只能以另一种方式表示，具体的方法是：合约标的为股指，人为规定一个合约乘数，将合约乘数与指数相乘可得到一个金额。该金额代表合约的规模。比如，沪深300指数在5000点时，1手合约的金额就是5000×300=150000元。

报价方式、价位最小变动和最大波动

我们知道，期货（标准）合约就是除价格以外，其余各项条款都由交易所预先规定好的合约，而价格是由交易者自由竞价决定的。尽管是自由竞价，仍需遵守一定的规则，即按照规定的报价方式进行。而报价方式在标准合约中也会注明。比如，上海期货交易所的铜期货合约规定：每张合约为5吨，报价为人民币元/吨，最小变动价位为10元/吨。这意味着你在交易中不可以报出53783元/吨买进（卖出），只能报53780元/吨或53790元/吨这样的价位。每吨的最小变动价位为10元，等值于每张合约的最小变动价值为 50 元。

每日价格最大波动限制，也称为涨跌停板制度，即期货合约在一个交易日中的交易价格波动不得高于规定的涨跌幅度，超过该涨跌幅度的报价将被视为无效，不能成交。涨跌停板一般是以合约上一交易日的结算价为基准确定的。此处与股票不一样，股票的涨跌停板是以上一交易日的收盘价作为基准的。因此，计算期货涨跌停板之前先要搞清楚结算价的计算方法。

通常，商品期货的当日结算价都是按如下规则产生：该期货合约当日成交价格按照成交量加权平均计算，如果当日该合约没有成交，则以上一交易日的结算价作为当日结算价。显然，按这一规则产生的结算价与收盘价会有较大出入。

股指期货合约的结算价产生有所不同，其差别是该期货合约最后 1 小时成交价格按照成交量加权平均计算。

每日价格最大波动限制条款的规定着意于防止价格波动幅度过大造成交易者亏损过大而带来的风险。

以上海期货交易所的铜期货合约为例，其每日价格最大波动限制为上一交易日结算价的 3%。

而中金所的股指期货合约规定，其报价单位为指数点；由于最小变动价位为 0.2 点，合约乘数为 300 元，意味着 1 手合约的最小变动价为 60 元；最大波动限制为上一交易日结算指数的 10%（合约到期日及季月合约上市另行规定）。

合约月份和最后交易日

合约月份是指某种期货合约到期的月份。铜期货合约的挂牌合约月份是 1~12 月，共计 12 个合约。中金所的股指期货挂牌合约为当月、下月及随后两个季月，总共 4 个合约。

最后交易日也是期货合约中的一个重要条款。最后交易日的含义是：无论交易者买进还是卖出期货合约，只要在最后交易日之后还留有持仓头寸，这些头寸就必须进入交割程序。交易者如果不想进行交割，就必须在最后交易日（或在此之前）将原有的持仓进行反向的平仓交易。铜期货合约的最后交易日为合约交割月份的 15 日（遇法定节假日顺延）；股指期货合约的最后交易日为合约到期月份的第三个周五（遇国家法定假日顺延）。

实物交割和现金交割

期货合约都有到期时间，通常交易所都会规定一个合约的最后交易日。若超过最后交易日，交易者仍留有持仓头寸，就必须进行交割。交割方式有两种，即实物交割和现金交割。实物交割是指买方拿出全部应付货款，卖方拿出全部应交货物，在交易所的安排下进行交换。现金交割是指交易双方在交割日按照合约交割价对合约盈亏以现金方式进行结算。沪深 300 股指期货采用现金交割，交割的结算价规定为：最后交易日沪深 300 指数最后 2 小时的算术平均价，计算结果保留至小数点后两位。

实物交割的程序相对比较复杂。商品期货一般都采用实物交割方式，中金所的国债期货也采用实物交割方式。

实物交割的一般程序是：卖方在交易所规定的期限内将货物运到交易所指定交割仓库，经验收合格后由仓库开具仓单，再经交易所注册后成为标准仓单。进入交割期后，卖方提交标准仓单及相应的增值税专用发票，买方提交足额贷款，到交易所办理交割手续。

有些交易所规定，在最后交易日之前交易者也可进行实物交割。这种交割方式被称为分散性交割，比如，郑州商品交易所规定，进入交割月后的第一个交易日至最后交易日中任何一个交易日，卖方都可以主动提出交割。交易所根据卖方的交割申请，于当日收市后采取计算机直接配对的方法，为卖方找出持该交割月多头合约时间最长的买方，这一日被称为配对日。买卖双方在配对日的下一个交易日收市前应到交易所签领交割通知单，这一日被称为通知日。买卖双方签领交割通知的下一个交易日为交割日。买方会员必须在交割日上午 9 时之前将尚欠货款划入交易所账户，卖方会员必须在交割日上午 9 时之前将标准仓单持有凭证交到交易所。从卖方提起交割到实施的时间总共为三天，故这种交割方式也被称为“三日交割法”。

中金所的国债期货也可以提前交割，当合约进入交割月份后至最后交易日之前，客户可以申请交割。合约最后交易日收市后的未平仓部分按照交易所的规定进入集中交割。

交割违约与交割违约的处理

交割是期货交易履约的最后一个环节。为了防止交易者可能产生的违约企图，交易所通常都制定了非常严厉的制裁措施。由于对交易者来说，违约的成本比履约还高，故交易者自然会慎重对待交割问题，因而在期货交易的实际交割中，违约的事情可以说是极其罕见的。

对实物交割的买方而言，交割违约是指在规定交割期限内未解付货款或解付不足；对实物交割的卖方而言，交割违约是指在规定交割期限内未交付有效标准仓单及相应的票据。如果买方违约，交易所会代替买方履约，将接下的实物在市场上采取竞卖方式卖掉。违约的买方不仅要承担全部损失和费用，还需支付高额的违约金及其他处罚。同样，如果卖方违约，交易所将在市场上采用征购方式购买合格的实物。违约的卖方不仅要承担全部损失和费用，还需支付高额的违约金及其他处罚。

对现金交割而言，交易所只是按指定价格对交易账户的盈亏进行清算，由于买卖双方在清算之前本身就有足够的保证金，因此不存在违约的可能。

交易时间和连续交易方式

2013 年之前，上海期货交易所的铜期货合约中标明的交易时间为：上午 9:00～11:30，下午 1:30～3:00。

2013 年 12 月 20 日，上期所开始推出铜期货的夜盘交易，交易时间从晚上 21:00 至次日凌晨 1:00。

国内大多数商品期货品种都与国际市场关联度很高，同类商品期货品种在国外也在进行期货交易。由于时差的存在，国际市场的主要交易时间恰好是我们的晚上，在没有夜盘交易的情况下，国内的期货价格只有等到上午开盘后才能作出反应，交易者的持仓风险因此被加大。推出夜盘交易后，交易时间基本涵盖国外同类商品的主要交易时段，不仅使该问题得到解决，同时也扩大了国内市场的规模，有助于提升国内期货在国际上的影响力。

股指期货的交易时间与商品期货的交易时间不同，股指期货的交易时间主要考虑国内股市的联动情况，其交易时间和国内股市相同。

期货交易保证金

在现货远期交易中，担心对方违约始终是交易者的心病。可是，在期货交易中，交易所不仅仅是标准合约的制定者，也是买卖双方履行合约的担保者。这样一来，现货交易中必经的程序，即了解对方实力，征询对方信用这样的诸多环节就都可以免了。在期货交易中，交易者甚至不用知道对方究竟是谁。担忧的解除，显然会大大提高交易者的交易信心，促进交易量的增长。

交易所靠什么来担保？最重要的措施就是对买卖双方都收取一定量的担保资金，通常称为保证金（也有称为按金的）。保证金对买卖双方都收取，此与现货交易中的习惯大不相同。在现货交易中，通常是买方向卖方预交定金，卖方是不用交定金的。在期货交易中，不仅买方需要缴纳保证金，卖方也需缴纳保证金，而且买卖双方的保证金都直接交给交易所。

买卖双方应该缴纳多少保证金呢？这就要看交易所的具体规定了。有些交易所规定，按照合约价值的百分比收取，比如，上海期货交易所对铜期货合约收取合约价值5%的保证金；中金所的股指期货收取合约价值8%的保证金。

对交易所公布的保证金比例，有几点需要注意。一是交易所公布的合约中写明的保证金是指正常情况下的保证金比例，在一些例外情况下，保证金比例是可以调整的。比如，商品期货中当合约离交割日越近时保证金比例会越来越高；又如，合约持仓量过大时，或期货价格出现涨跌停板后，出于风险控制的目的，保证金比例也会按照规定临时提高。二是交易所规定的保证金比例是针对交易所会员的收取标准，通过期货公司进行期货交易的交易者，期货公司对他们收取的保证金比例会在交易所的基础上有所增加。比如，中金所对期货公司收取股指期货合约价值8%的保证金，期货公司可能对客户收取11%的保证金。多收取3%的保证金，主要是用来防范公司因客户交易而可能产生的风险。

期货交易的核心制度——逐日清算

交易所收取的商品期货保证金比例，通常都高于当日的涨跌停板幅度。在正常情况下，铜期货的涨跌停板幅度为3%，保证金收取比例为5%。显然，这样设置可以防止交易者当日将全部保证金损失完毕，从而完全失去保证能力。

交易者在开仓买卖期货合约时账户中必须有对应的保证金，否则无法开仓。此保证金可以称为开仓保证金。比如，某交易者在期货账户内有 50 万元资金，想买进铜期货合约。当时铜期货价格为 55000 元/吨，期货公司按 10% 的比例收取保证金。买卖 1 手合约的保证金 = 55000 × 5 × 10% = 27500 元，意味着交易者最多可以开仓买卖 18（50 万元/2.75 万元 = 18.18）手期货合约。

如果仅仅依靠对交易者开仓时一次性收取保证金，仍然会留下风险，因为如果在后面的交易日中，价格连续对交易者不利，累积下来的结果仍然可能使交易者的损失超过停板幅度，该怎么办？对此，期货交易所采取的措施就是逐日清算制度（每日无负债结算）。所谓逐日清算，就是每天按照当日的结算价对交易者所拥有的头寸进行清算。如有盈利，将盈利划入交易者的保证金账户上；如有亏损，将亏损从交易者的保证金账户上划走。如果交易者保证金账户上所剩余的资金低于应付保证金，应该在下一个交易日开市前补足。如果不能及时补足，说明交易者保证能力不足。按照规定，交易所或经纪公司可以采取强制平仓措施，以消除该交易者违约的可能。

保证金制度和逐日清算制度结合在一起，筑成了一道强有力的防风险围墙，一百多年的期货实践证明，除了一些偶然性的特殊行情，如特大金融危机可能将这道围墙撞出个窟窿外，总体而言是坚固有效的。

期货交易账户计算

对一个期货交易者而言，会算账可以说是最起码的要求。由于期货交易是保证金交易，而且实行每日清算制度，故期货交易的账户计算比股票交易来得复杂。但只要掌握要领与规则，期货交易也不是太难。

在期货交易账户计算中，盈亏计算、权益计算、保证金计算以及资金余额是四项最基本的内容。

按照开仓和平仓时间划分，盈亏计算中可分为下列四种类型：当日开仓当日平仓、当日开仓后未平仓转为持仓、上一交易日持仓今日平仓、上一交易日持仓今日继续持仓。各种类型的计算方法如下：

当日开仓当日平仓的，计算其买卖差额；

当日开仓而未平仓的，计算今日结算价与开仓价的差额；

上一交易日持仓今日平仓的，计算平仓价与上一交易日结算价的差额；

上一交易日持仓今日继续持仓的，计算今日结算价与上一交易日结算价的差额。

在进行差额计算时，注意不要搞错买卖的方向。

例 1：某客户在某期货公司开户后存入保证金 50 万元，在 4 月 1 日开仓买进 3 手 5 月沪深 300 股指期货合约，成交价为 2100 点，同一天该客户在 2115 点卖出平仓 1 手，当日结算价为 2105 点，假定交易保证金比例为 15%，手续费为单边每手 0.3‰，则客户的账户情况为：

当日平仓盈亏 = (2115 − 2100) × 300 × 1 = 4500（元）

当日开仓持仓盈亏 = (2105 − 2100) × 300 × 2 = 3000（元）

当日盈亏 = 4500 + 3000 = 7500（元）

手续费 = 2100 × 300 × 3 × 0.3‰ + 2115 × 300 × 1 × 0.3‰

= 56.7 + 19.04 = 75.74（元）

当日权益 = 500000 + 7500 − 75.74 = 507424.26（元）

保证金占用 = 2105 × 300 × 2 × 15% = 189450（元）

资金余额（即可交易资金）= 507424.26 − 189450

= 317974.26（元）

追加保证金和强制平仓

我们已经知道，当日权益减去持仓保证金就是资金余额。如果当日权益小于持仓保证金，则意味着资金余额是负数，同时也意味着保证金不足了。按照规定，期货公司会通知账户所有人在下一交易日开市之前将保证金补足。此举称为追加保证金。如果账户所有人在下一交易日开市之前没有将保证金补足，按照规定，期货经纪公司可以对该账户所有人的持仓实施部分或全部强制平仓，直至留存的保证金符合规定的要求。

例 2：某客户账户原有保证金 500000 元，某日上午，在指数 2200 点开仓买进 5 手当月沪深 300 股指期货合约，午后指数一路下跌，该交易者没有平仓。当日结算价为 2150 点，假定交易保证金比例为 15%，手续费为单边每手 0.3‰，则客户的账户情况为：

开仓买进 5 手时需要保证金 = 2200 × 300 × 5 × 15%

= 495000（元）

支付手续费 = 2200 × 300 × 5 × 0.3‰ = 99（元）

可见，开仓时资金还是足够的，但由于指数当日下跌，结算价为 2150 点，该交易者：

当日开仓持仓盈亏 =（2150 − 2200）× 300 × 5 = −75000（元）

扣除当日亏损及手续费后实际当日权益 = 500000 − 75000 − 99

= 424901（元）

而 5 手合约持仓需要保证金 = 2150 × 300 × 5 × 15%

= 483750（元）

资金余额（即可交易资金）= 424901 − 483750 = −58849（元）

权益小于保证金，导致资金余额为负数。

显然，要维持 5 手多头持仓，保证金尚缺 58849 元，意味着下一交易日开市之前投资者必须追加保证金 58849 元。如果该客户在下一交易日开市之前没有将保证金补足，那么期货公司可以对其持仓实施部分强制平仓。经过计算，424901 元的权益可以保留的持仓至多为 424901/（2150 × 300 × 15%）= 4.39 手。因此，期货公司至少可以将其持仓强平掉 1 手。

爆仓

爆仓是指账户权益为负数，意味着投资者的保证金不仅全部赔光而且还倒欠了保证金。在正常情况下，逐日清算制度及强制平仓制度下不会发生爆仓情况。一旦交易者的保证金不足而不能及时补足，期货公司会立马采取强平措施，能在最大程度上防止爆仓情况的出现。

商品期货中的涨停板幅度相对较小，出现涨跌停板行情是完全有可能的，但由于保证金比例通常大于涨跌停板幅度的150%，通常不太会发生第一个停板就爆仓的事故。但是，如果出现连续同方向停板时，期货公司对保证金不足的交易者采取强制平仓措施时有可能无法奏效，在这种情况下，便有可能会出现爆仓的情况。比如，2008 年国庆长假后，受全球金融危机影响，商品期货出现大面积连续跌停板，有一些持有多单的交易者因为无法平仓，最后出现爆仓。

第三章

期货行情及基本术语解读

期货市场是专门交易标准化合约的场所。标准合约是怎样交易的？搞清楚这个问题的前提是：必须知道怎样进行期货行情的解读以及了解期货交易中的常用术语。下面，让我们开始一步步地揭开其中的奥秘。

多头和空头

凡属交易，一定是既有买方又有卖方，期货交易也不例外。在期货交易中，买进期货合约者被称为多头，卖出期货合约者被称为空头。多头认为期货合约的价格会上涨，所以会买进；相反，空头认为期货合约的价格高了，以后会下跌，所以才卖出。请注意，在股票市场上，也将买进方称为多头，卖出方称为空头。然而，股票交易中的空头和期货交易中的空头的性质是不一样的。在股票交易中，卖方必须有股票才能卖，没有股票的人是不能卖的。股票交易中有融券做空交易，其实质是向有券的人借券，将借来的券卖掉，因此，本质上仍旧是卖出者必须手中有券。在期货交易中，对卖出没有限制，没有对应货物或未来不打算交货的人也可以卖出期货合约。两者的差别实质上是现货和期货的差别。

开仓、持仓和平仓

在期货交易中，无论是买还是卖，凡是新建头寸都叫开仓。交易者建仓之后手中就持有头寸，这就叫持仓。而平仓是指交易者了结持仓的交易行为，了结的方式是针对持仓方向作相反的对冲买卖。由于开仓和平仓有着不同的含义，所以，交易者在买卖期货合约时必须指明是开仓还是平仓。比如，某投资者在3月15日开仓买进7月大豆10手（张），成交价为3400元/吨，这时，他就有了10手多头持仓。到3月17日，该投资者见期货价上涨了，于是在3415元/吨的价格卖出平仓6手7月大豆，成交之后，该投资者的实际持仓就只有4手多单了。如果当日该投资者在报单时报的是卖出开仓6手7月大豆，成交之后，该投资者的实际持仓就不是原来的 4 手多单，而是 10 手多头持仓和 6 手空头持仓了。

市场持仓量的变化

对投资者来说，自己的持仓自然是清楚的。而整个市场的总持仓有多少，实际上也是可以查得到的。在交易所发布的行情信息中，专门有“持仓量”一栏，它的含义是市场上所有投资者在该期货合约上总的“未平仓合约”数量。交易者在交易时不断开仓平仓，持仓量因此也在不断变化。由于持仓量变大或变小，反映了市场对该合约的兴趣大小，因而成了投资者非常关注的指标。如果总持仓量一路增长，表明多空双方都在开仓，市场交易者对该合约的兴趣在增长，越来越多的资金在涌入该合约交易中；相反，当持仓量一路减少，表明多空双方都在平仓出局，交易者对该合约的兴趣在退潮。还有一种情况是当交易量增长时，持仓量却变化不大，这表明以换手交易为主。

单边计量与双边计量

交易所发布的实时行情信息中，有成交量和持仓量栏目。持仓量的含义，前文已经解释，而成交量是指当日开始交易至当时的累计总成交数量。然而，在统计上，却有单边和双边的区别。我们知道，凡是成交，必定是有买进也有卖出的，而且两者在数量上是绝对相等的。比如，有人出价以每吨 3500 元买进 10 手大豆，同时有人出价以每吨 3500 元卖出 10 手大豆，结果这 10 手单子成交了。那么，总共成交了多少呢？如果以单边计算，则成交量就是 10 手，而以双边计算，则成交量就是 20 手了。显然，双边计算是将成交双方的数量加起来统计的。同样，持仓量的双边统计也是将多空双方的未平仓数量加起来计算的。

注意：目前我国期货市场中期货交易所的行情显示，成交量和持仓量都是按单边统计显示的。

换手交易

换手交易有多头换手和空头换手，当原来持有多头的交易者卖出平仓，但新的多头又开仓买进时称为多头换手；而空头换手是指原来持有空头的交易者在买进平仓，但新的空头在开仓卖出。表3－1举例说明按双边计算时多空双方开仓平仓与成交量及对应持仓量的变化关系（假定统计之初的总成交量已经有5000手，同时总持仓量为80000手）。

表3－1　换手交易示意表　单位：手

序号	成交量	买方成交	卖方成交	总成交量	总持仓量	说明
				5000	80000	
1	100	50 多头开仓	50 空头开仓	5100	80100	双开仓 持仓增加
2	200	100 空头平仓	100 多头平仓	5300	79900	双平仓 持仓减少
3	300	150 多头开仓	150 多头平仓	5600	79900	多头换手 持仓不变
4	150	75 空头平仓	75 空头开仓	5750	79900	空头换手 持仓不变
合计	750	375 多头开仓200 空头平仓175	375 空头开仓125 多头平仓250	—	—	开仓325 平仓425 平仓为主 持仓减少

期货行情表解读

交易者进行期货交易，看行情是必需的。而看懂行情表上各个数字的含义自然是极为重要的。表 3－2 是中金所沪深 300 股指期货在 2021 年 9 月 30 日交易结束时的行情表。

表 3－2　　沪深 300 股指期货日行情表（2021 年 9 月 30 日）

合约代码	今开盘	最高价	最低价	成交量	成交金额	持仓量	持仓变化	今收盘	今结算	前结算	涨跌 1	涨跌 2
IF2110	4850.4	4879.4	4845.8	57334	8361689.640	75617	－14205	4855.2	4866.2	4855.6	－0.4	10.6
IF2111	4841.2	4863.8	4834.2	4119	599019.024	6076	724	4841.4	4851.6	4841.4	0.0	10.2
IF2112	4832.8	4849.0	4822.0	13336	1934110.830	74452	－2099	4828.2	4837.4	4829.8	－1.6	7.6
IF2203	4802.4	4820.0	4793.6	3300	475754.154	26204	－851	4800.0	4808.4	4801.4	－1.4	7.0
小计				78089	11370573.648	182349	－16431					

从表 3－2 中可以看到，挂牌的股指期货合约共有 4 个，依次为 2021 年 10 月、11 月、12 月和 2022 年 3 月。从 IF2110 到 IF2103，依次为贴水排列，即越是后面的合约，价格越低。其中，涨跌 1 是指今收盘价相对于上一交易日的结算价（前结算）而言；而涨跌 2 是指今结算价相对于上一交易日结算价（前结算）而言；成交量是指当日的总交易量（注意是单边计算），而持仓量也是单边计算的。从成交和持仓的数量上看，均是 IF2110 合约最大，称为主力合约。开盘价如何产生下面将会介绍。

竞价方式

期货交易的早期，由于没有计算机，故在交易时都采用公开喊价方式。公开喊价方式通常有两种形式：一是连续竞价制（动盘），二是一节一价制（静盘）。公开喊价交易是指交易者在交易所的交易池内面对面地公开喊价，表达各自买进或卖出合约的要求。这种竞价方式是期货交易的主流，欧美期货市场都采用这种方式。这种方式的好处是场内气氛活跃，但其缺陷是人员规模受到场地限制。众多的交易者拥挤在交易池内，人声鼎沸，以至于交易者不得不使用手势来帮助传递交易信息。这种方式的另一个缺陷是场内交易员比场外交易者有更多的信息和时间优势。抢帽子交易往往成了场内交易员的专利。

二是计算机技术普及后，世界各国的交易所纷纷改弦更张，采用计算机来代替原先的公开喊价方式。计算机撮合成交是根据公开喊价的原理设计而成的一种自动化交易方式，它具有准确、连续、速度快、容量大等优点。目前，我国的期货交易所都采用计算机撮合成交方式。

价格优先、时间优先及撮合成交价的确定

计算机交易系统在撮合成交时，按价格优先、时间优先的原则进行。该原则的完整解释是：买家出价高的优先，卖家出价低的优先，如果出价相同，则挂单时间最早的优先。例如，某交易者卖出 7 月大豆 10 手，挂出价格为 3400 元/吨，交易者甲挂出 10 手买单，报价为 3398 元/吨；随后，交易者乙也想买 10 手，挂价为 3399 元/吨，由于乙的价格比甲高，按照价格优先原则，乙的单子排在甲的前面；后来，丙也挂出 10 手买单，价格同样为 3399 元/吨，由于挂价与乙相同，按照时间优先原则，只能排在乙的后面，但仍在甲之前。假如这时有一个交易者以 3397 元/吨卖出 10 手，买方优先成交者就是乙。读者可能会想到，优先的买方出价是 3399 元/吨，而卖方出价是 3397 元/吨，那么实际成交价究竟是多少呢？3397 元/吨、3398 元/吨、3399 元/吨似乎都可以？对此，计算机是如何确定的呢？

在国内市场，计算机在撮合时实际上是依据前一笔成交价而定出最新

成交价的。如果前一笔成交价低于或等于卖出价，则最新成交价就是卖出价；如果前一笔成交价高于或等于买入价，则最新成交价就是买入价；如果前一笔成交价在卖出价与买入价之间，则最新成交价就是前一笔的成交价。

例如，买方出价 3399 元/吨，卖方出价 3397 元/吨。如果前一笔成交价为 3397 元/吨或 3397 元/吨以下，最新成交价就是 3397 元/吨；如果前一笔成交价为 3399 元/吨或 3399 元/吨以上，则最新成交价就是 3399 元/吨；如果前一笔成交价是 3398 元/吨，则最新成交价就是 3398 元/吨。

这种撮合方法的好处是既显示公平性，又使成交价格具有相对连续性，避免不必要的无规律跳跃。

开盘价、收盘价

在国内市场，开盘价由集合竞价产生。集合竞价的方式是：每一交易日开市前 5 分钟内，前 4 分钟为期货合约买、卖价格指令申报时间，后 1 分钟为集合竞价撮合时间，产生的开盘价随即在行情栏中显示。

集合竞价采用最大成交量原则，即以此价格成交能够得到最大成交量。首先，交易系统分别对所有有效的买入申报按申报价由高到低的顺序排列，申报价相同的按照进入系统的时间先后排列；所有有效的卖出申报按申报价由低到高的顺序排列，申报价相同的按照进入系统的时间先后排列。接下来，交易系统依次逐步将排在前面的买入申报和卖出申报配对成交，直到不能成交为止。如最后一笔成交是全部成交的，取最后一笔成交的买入申报价和卖出申报价的算术平均价为集合竞价产生的价格，该价格按各期货合约的最小变动价位取整；如最后一笔成交是部分成交的，则以部分成交的申报价为集合竞价产生的价格。

假定，某合约申报排序如表 3－3 所示（最小变动价为 1 元）。

表 3-3　　某合约申报排序表

排序	买进		卖出	
	价格（元）	数量（手）	价格（元）	数量（手）
1	2599	50	2570	30
2	2590	90	2580	60
3	2585	100	2588	120
4	2581	150	2595	150

配对情况为：排序为 1 的买进价高于排序为 1 的卖出价，成交 30 手；排序为 1 的买进价还有 20 手没成交，由于比排序为 2 的卖出价高，成交 20 手；排序为 2 的卖出价还有 40 手没成交，由于比排序为 2 的买进价低，成交 40 手；排序为 2 的买进价还有 50 手没成交，由于比排序为 3 的卖出价高，成交 50 手；排序为 3 的卖出价还有 70 手没成交，由于比排序为 3 的买进价高，显然已经无法成交。这样，最终的开盘价就是 2588 元，在此价位上成交 140 手。

在开盘集合竞价中的未成交申报单在开市后自动转为竞价交易。

收盘价的产生比较简单，通常以该合约当日最后一笔成交的价格作为收盘价。

期货交易的特点与股票交易的差别

知道期货交易的规则之后，下面再将期货交易与股票交易比较一下。由于股票交易的普及率比较高，不少投资者都有过股票交易的经历，而这两个市场既有共同之处，又有较大的差异。通过比较，然后再了解期货交易的特点就相对容易一些。

两者的共同点为：竞价交易方式基本相同，都是采用规定时间段内集中双向竞价方式，因而仅从行情表上看，所用的术语也差不多，比如，都有开盘价、收盘价、最新价、涨跌幅、买量、卖量、交易量等，画出来的

K 线图也差不多一样，大量的技术分析方法和分析指标在两者之间几乎可以没有差别地被使用。

两者的差异有：

1. 期货交易中“持仓量”是可变的；而在股市中，股票在一级市场发行后进入二级市场，只要一级市场没有什么变化（比如增股、缩股），二级市场上的流通筹码就是恒定不变的，因而其持仓量是不会发生变化的。

2. 期货交易中，任何一个合约都有到期日，到时都会摘牌；而在股市中，只要上市公司本身不出问题，其股票可以永久交易下去。

3. 期货交易中，不仅可以做多，也可以做空，即在无货的情况下也可以卖出，因而期货交易是双向交易；而在股票交易中，只能先买后卖，即只能做多而无法真正做空，故股票交易是单向交易。双向交易显然比单向交易更灵活。在股市中，若遇熊市，市值大幅降低，投资者都难以获利，对于绝大部分投资者来说，亏损是无法避免的。而在期货交易中，不论是牛市还是熊市，对投资者来说，都有盈利的机会。

4. 期货交易采用保证金交易方式，这是与股票交易的又一重大差别。众所周知，在股票交易中，1 万元价值的股票必须要用 1 万元才能买，而在期货交易中，即使保证金收取比例高至 10%，买卖 1 万元价值的期货合约也只需 1000 元，合约价值是保证金的 10 倍。显然，在期货交易中资金成本被大幅节省。而所谓杠杆机制，就是指合约价值与保证金的倍数所发挥的作用。保证金比例越低，资金的利用率也就越高。

5. 期货交易的资金利用率非常高，这不仅体现在保证金机制上，还体现在采用 T+0 交易方式上。在股票交易中，当天买进的股票当天不能卖出，而在期货交易中却没有这种限制。这意味着一笔资金在当天交易中可以反复使用。实际上，在期货交易中的确也存在一些专做短线交易的交易者，尽管其资金量并不大，但交易量却非常可观。

6. 期货交易的交易手续费比股票交易的交易手续费低得多。比如，上海期货交易所的铜期货合约的手续费是合约金额的万分之零点五，中金所的股指期货合约的手续费是合约金额的万分之零点二三。尽管期货公司会在交易所的基础上有所增加，但增加幅度并不高。在股票交易中，交易者如果争取到万分之三的手续费率，就已经非常低了，除此之外还有双边千分之一的印花税。不难发现，同等金额的情况下两者的交易成本几乎是十倍之差。

7. 期货是每日无负债结算，期货交易所产生的盈利直接可以用来开新仓，而不必将现有持仓平掉；股票交易中，交易所产生的盈利，必须将现有持仓卖出，才能将资金释放出来。

期货交易的高收益与高风险

在杠杆机制的作用下，期货交易比股票交易表现出更高的收益性和更大的风险性。下面，不妨作一个具体的比较。假定股票和期货的价格同样是上涨 2%，同样是买家，由于股票是全额交易，在不考虑交易成本情况下，获利率就是 2%，而对期货交易者来说，假定保证金为 10%，那么获利率就是 20% 了，收益率被放大 10 倍。当然，高收益与高风险是对称的。对于卖出期货合约的交易者而言，当价格上涨 2% 时，损失也将高达保证金比例的 20%。

期货交易有很大的风险，但风险究竟有多大，不妨看一下“期货交易风险说明书”。按照规定，交易者在开设期货交易账户之前，都必须签名确认已经阅读过“期货交易风险说明书”（以下简称“说明书”）。

“说明书”在开头就会提到，“您应当充分了解到，期货合约交易采取保证金交易方式，具有杠杆性，带有高度的风险。相对较小的市场波动，可能使您产生巨大亏损，损失的总额可能超过您存放在期货公司的全部初始保证金以及追加保证金。期权合约交易采取权利金和保证金的交易方式，如您购买期权合约可能没有任何收益，甚至损失全部投资；如您卖出期权合约，您可能发生巨额损失，这一损失可能远大于该期权的权利金，并可能超过您存放在期货公司的全部初始保证金以及追加保证金”。

“说明书”中还会提到，“您应当充分了解到，在因市场行情波动剧烈出现单边涨跌停价格、投资者缺乏投资兴趣、流动性的变化或其他因素给某些合约市场的流动性、有效性、持续性等带来不利影响时，您可能会难以或无法将持有的未平仓期货合约或期权合约平仓。如出现这类情况，您的所有保证金有可能无法弥补全部损失，您必须承担由此导致的全部损失”。

充分认识期货交易的高风险特征，无论对打算入市的交易者还是已经入市的交易者而言，都有着十分重要的意义。

它会告诉打算入市的交易者：只用“闲钱”交易，不要将赖以生存的钱投入期市，不要将不能输或输不起的钱投入期市。

第四章

期货的避险交易策略——套期保值

一百多年来，期货交易之所以长盛不衰，是因为期货交易给现货商提供了其他交易方式无法提供的避险功能，即套期保值功能。现货商对期货的避险需求是期货市场的源头活水。本章对现货商如何运用避险交易的基本原理及基本策略进行介绍。

花儿为什么这样红

从期货交易发展史可知，尽管期货交易产生至今不足200年，但其发展势头迅猛，可以说是长盛不衰。期货交易覆盖的国家和地区极其广袤，期货品种也越来越多，期货品种的交易量几乎都是同品种现货交易量的几倍甚至几十倍。期货交易为什么能够“青春常驻”？这与期货交易提供的重要功能有关，这一重要功能就是相关现货商可以将期货市场当作一个规避价格波动给企业带来伤害的避风港。

在市场经济中，价格波动是家常便饭。对企业而言，如果原材料价格大幅上涨，成本迅速上升，企业的利润就会明显下降，甚至亏损；如果产品价格发生大幅下跌，也会给企业带来麻烦。

当然，企业也可能在价格波动中获得意外之喜。比如，原材料价格大幅下跌而产品价格没怎么变动，企业因为成本降低而得到了更多的利润；再比如，原材料价格变动不大，但由于生产的产品处于供不应求状态下而导致价格上涨，因此大大提高了利润。需要说明的是，一家成熟的企业，追求的应该是在平稳中提升业绩，而不是靠天吃饭。

所谓风险，实际上就是指不确定性。一旦不确定性中不利于企业的一面发生了，其后果轻则会导致损失，重则可能导致企业倒闭。所以，如何规避价格风险，保障企业稳健经营，自然成为经营决策者时刻关注的头等大事。

期货市场出现后，企业在交易实践中发现：尽管该市场只是个虚拟市场，但由于与现货市场并行，并且解决了远期合同中的诸多缺陷，实实在在地可以起到避风港的作用。

避险功能是期货交易的源头活水，只要价格波动不停止，现货商就会有避险需求，自然会成为期货交易的忠实粉丝。价格波动越大，市场对期货交易的需求也会越大。

期货市场为什么能成为避风港

第一，期货市场是远期市场，期货市场的价格是远期价格，这正好符合企业的需要。因为现货价格大家都看得见，大家都知道，所以企业最担心的是未来价格的不确定性。期货交易的特点是在交割之前，不发生实物流动，企业不用担心在此之前占用大量资金及占用仓库的难题。企业如担心价格上涨，可以提前买，如担心价格下跌，可以提前卖。

第二，期货市场的流动性相当大，不用担心在现货市场中经常出现的找不到对手的难题。在期货市场中，只要企业认为价格合适，不用管对方是谁，对方的信用如何，就可以迅速成交，实现自己提前敲定价格的目的。

第三，期货市场的信用度极高，因为有交易所做担保，确保交易的有效履行，企业不用考虑对手的违约问题。

第四，期货市场的交易方式更灵活。企业签订现货远期合同后，一旦中途有变化需要中止合同时非常麻烦，弄得不好就得支付一笔违约金。但在期货市场中，由于交易的是标准化合约，可以很方便地随时进行平仓操作。

套期保值名称的由来

套期保值是从英语“Hedge”翻译过来的，Hedge 的本来意思是对冲。对冲的含义极其广泛，可以用在各种不同的场合。当你拥有资产甲，面临贬值风险时，如果卖出另一种资产乙，只要资产乙与资产甲之间具有正相关关系，就可成为对冲。资产甲贬值时会遭受损失，但由于资产乙也贬值，卖出资产乙就会有收益；资产甲升值时会有收益，但由于资产乙也升值，卖出资产乙就会有亏损。这样，一买一卖就形成了亏损与收益的对冲关系。比如，买进现货的同时卖出同品种的期货，这就形成对冲关系；买进某一月份期货的同时卖出同品种的另一个月份的期货（国内常称为跨月套利），也形成对冲关系；如果两种不同资产之间具有负相关关系，则同时买进两种资产也可形成对冲关系；同时卖出两种资产也能构成对冲关系。

对冲的结果实际上是将价格锁定，从而免除了价格波动导致的风险。正是在这个意义上，人们才把对冲工具称为避险工具。

在我国，通常已习惯将期货与现货之间的对冲译成套期保值，换言之，套期保值已成为“期货与现货”对冲的特称了。

套期保值因何能规避价格风险

套期保值之所以能够规避价格风险，与期货、现货价格之间的两个基本特点有关。这两个基本特点：一是同种商品的期货价格走势与现货价格走势基本一致；二是期货、现货价格随着期货合约到期日的临近，两者趋向一致，即具有收敛倾向。

现货市场与期货市场虽然是两个各自独立的市场，但由于某一特定商品的期货价格和现货价格在同一市场环境内，会受到相同经济因素的影响和制约，因而一般情况下两个市场的价格变动趋势应该相同。

在商品期货交易中，一般都规定合约到期时必须进行实物交割。到交割时，如果期货价格和现货价格不同，例如期货价格高于现货价格，就会有套利者买入低价现货，卖出高价期货，以低价买入的现货在期货市场上高价抛出，在无风险的情况下实现盈利。反之，如果期货价格低于现货价格，需要该商品的现货商会在期货市场上低价买进，或者作为自用，或者在现货市场高价卖出。在理论意义上，这种套利交易最终会使期货价格和现货价格趋向一致。在金融期货交易中，有采用现金交割方式的（如股指期货），交割价的确定以现货价为基准，等于是强迫期货价与现货价收敛。这些交割制度保证了现货市场与期货市场价格随期货合约到期日的临近，两者趋向一致。

套期保值有买进与卖出之分

套期保值有买进与卖出之分。所谓买进套期保值，是指现货商因为担心价格上涨而在期货市场上买入期货，目的是锁定买入价格。比如，某一出口商已经与对方签订了一笔 3 个月后交货的合同，按照现行价格，可以说是利润颇丰。他在准备履行合同时有两种做法：一是现在就在市场上买进现货，然后储存起来，3 个月后予以交付。但这样做不仅需提前支付货款，并且还得支付仓储费和保险费。二是临近交付时再在市场上买进，但这样做有很大风险。一旦 3 个月后价格上涨了，买货交割很可能导致这笔本来可以获利的业务变成亏损了。那么怎么办呢？一种可取的办法就是在期货市场上预先买进，由于这时的期货价与现货价差不多，买进期货后，实际上就是将 3 个月之后的采购成本锁定了。

卖出套期保值是指现货商因为担心价格下跌而在期货市场上卖出期货，目的是锁定卖出价格。比如，大农场在种植农作物时，会对种植成本进行测算，并参照现行价格推算可得利润。由于未来售价是不确定的，一旦到时价格下跌，损失就难免了。由于这时的期货价与现货价差不多，通过卖出期货，实际上就是将未来产品的销售价提前锁定了。

买入套期保值的例子

广东某铝型材厂的主要原料是铝锭，某年3月铝锭的现货价格为12900元/吨，该厂计划在两个月后购进600吨铝锭。由于担心届时价格上涨而增加成本，于是决定进行买入套期保值。3月初以13200元/吨的价格买入600吨5月份到期的铝锭期货合约。5月初，铝锭现货价已上涨至15000元/吨，而此时期货价格也涨至15200元/吨。于是，该铝型厂以15000元/吨的价格在现货市场上购进了600吨铝锭，同时在期货市场上以15200元/吨的价格卖出平仓。其最终的盈亏情况见表4－1。

表4－1　　　　铝锭价格上涨后的盈亏情况

市场 时间	现货市场	期货市场
3月初	现货市场价格为13000元/吨，计划在两个月后买入600吨	以13200元/吨的价格买进600吨5月份到期的铝锭期货合约
5月初	在现货市场上以15000元/吨的价格买入600吨铝锭	以15200元/吨的价格将原来买进600吨5月份到期的合约平仓卖出
结果	5月初买入现货比3月初买入多支付2000元/吨的成本	期货对冲盈利2000元/吨

由此可见，该铝型材厂在过了2个月后以15000元/吨的价格购进铝锭，比先前3月初买进铝锭多支付了2000元/吨的成本。但由于做了买期保值，在期货交易中盈利了2000元/吨的利润，用于弥补现货市场购进时多付出的价格成本，其实际购进铝锭的价格仍然是13000元/吨。

假如5月初铝锭的价格不涨反跌，现货、期货都下跌了500元/吨，则最终的盈亏情况见表4－2。

表 4-2　　　　铝锭价格下跌后的盈亏情况

时间 \ 市场	现货市场	期货市场
3 月初	铝锭现货价为 13000 元/吨，计划在两个月后买入 600 吨	以 13200 元/吨的价格买进 600 吨 5 月份到期的铝锭期货合约
5 月初	在现货市场上以 12500 元/吨的价格买入 600 吨铝锭	以 12700 元/吨的价格将原来买进 600 吨 5 月份到期的合约平仓卖出
结果	5 月初买入铝锭比 3 月初买入少支付 500 元/吨的成本	期货对冲亏损 500 元/吨

由此可见，该铝型厂在 2 个月后买入铝锭比 3 月初买入少支付了 500 元/吨，但由于在期货市场上做了买入保值，期货市场亏损了 500 元/吨，因此，该铝型材厂铝锭的实际进价成本仍然为 13000 元/吨，即用现货市场上少支付的 500 元/吨弥补了期货市场上亏损的 500 元/吨。

该厂所做的买入套期保值，实际上起到的作用就是将进价成本锁定在 3 月初认可的 13000 元/吨。

买入套期保值的优点和代价

（一）买入套期保值的优点

1. 规避价格上涨所带来的风险。如在上例中，铝型材厂通过买入保值，用期货市场上的盈利弥补了现货市场上多支付的成本，回避了价格上涨的风险。

2. 提高了企业资金的使用效率。由于期货交易是一种保证金交易，因此只用少量的资金就可以控制大批货物，加快了资金的周转速度。如在上例中，根据交易所 5% 的交易保证金，该铝型材厂只需运用 13200 × 600 × 5% = 396000 元，即使加上 5% 的资金作为抗风险的资金，其余 90% 的资金在2个月内仍可加速周转，不仅减少了资金占用成本，还节约了仓储费、保险费用和损耗费。

3. 能够促使早日签订现货合同。在上例中，面对铝锭价格上涨的趋势，供货方一般不会愿意按照3月初的现货价格签订5月份供货合同，而是希望能够签订灵活价格的供货合同，即成交价格按照到期的现货市场价格。如果买方做了买入套期保值，就可放心地签订灵活价格的供货合同，因为即使价格真的上去了，买货方可以用期货市场的盈利弥补现货多支付的成本。

以上是买入套期保值的优点，但必须注意，买入套期保值也是有代价的。

（二）买入套期保值的代价

一旦采取了套期保值策略，即失去了价格下跌可得到的好处。也就是说，在规避对己不利的价格风险的同时，也放弃了因价格可能出现的对己有利的机会。比如，在上例中，如果铝锭价格下跌，该厂的买入套期保值出现亏损，尽管现货市场少支付的成本可以弥补期货市场的亏损，但与没有进行套期保值的企业相比，进货成本反而高了。

买入套期保值的适用对象及范围

买入套期保值的适用对象：准备在将来某一时间内必须购进某种商品时价格仍能维持在目前认可的水平的投资者。因为他们最大的担心是当实际买入现货商品时价格上涨。买入套期保值一般可运用如下一些领域：

1. 加工制造企业为了防止日后购进原料时价格上涨的情况。如铝型材厂担心日后购进铝锭时价格上涨，用铜企业担心日后电解铜的价格上涨，饲料厂担心玉米、豆粕的价格上涨，等等。

2. 供货方已经跟需求方签订好现货供货合同，将来交货，但供货方此时尚未购进货源，担心日后购进货源时价格上涨。如某一进出口公司5月底跟外商签订了8月底给外商提供3000吨优质小麦，价格为2200元/吨，5月底小麦的现货价格为2120元/吨，预计将有80元/吨的利润，但由于货款或库存方面的原因，跟外商签订合同时，尚未购进小麦，因为担心8月初到现货市场购进小麦时，小麦价格上涨，造成利润减少或亏损。

3. 需求方认为目前现货市场的价格很合适，但由于目前资金不足或者仓库已满等原因，不能立即买进现货。由于担心日后购进时价格上涨。稳妥的办法是进行买入对应期货合约进行套期保值。

卖出套期保值的例子

2013年12月4日，沪深300指数经过多日反弹上涨至2460点左右，某私募基金持有一股票组合，市值为5000万元。由于不看好后市，担心股市下跌导致股票组合价值损失，于是卖出了68手IF1403合约，成交价2465点。

3个月后的2014年3月14日，沪深300指数跌至2120点，与2013年12月4日相比，下跌了340点，跌幅达到13.8%。而IF1403合约则跌至2100点左右，该私募将原先卖出的68手IF1403合约平仓，平仓价格为2105点。

由于该私募的股票组合与沪深300指数代表的股票有所不同，市值损失了700万元，但在股指期货上赚了（2465 - 2105）×300×68 = 7344000元

从该例子可以看出，虽然该私募的股票组合市值因为股票下跌而减少了700万元，但通过卖出股指期货合约进行卖期保值，在期货市场上赚回了700多万元，这笔盈利完全覆盖了股票组合上的损失，从而规避了股票价格下跌所带来的风险。

卖出套期保值的优点和代价

（一）卖出套期保值的优点

1. 卖出保值能够回避未来现货价格下跌的风险。如在上例中，该私募基金成功地回避了股市下跌的风险。在商品期货中，道理相同。

2. 经营企业通过卖出保值，可以按照原先的经营计划，强化管理、认真组织货源，顺利落实并完成销售计划。比如，对加工型企业而言，原材料和产品两头都有市场价格风险。当原材料价格高企时，企业可通过提前卖出高价产品锁定正常的加工利润。

3. 有利于顺利签订现货合同。企业由于做了卖出保值，就不必担心对方要求以日后交货时的现货价为实际成交价。这是因为在价格下跌的市场趋势中，企业做了卖出保值，就可以用期货市场的盈利来弥补现货价格下跌所造成的损失。反之，如果价格上涨，企业趁机在现货市场上卖个好价钱，尽管期货市场上出现了亏损，但该企业还是顺利地实现了自己的销售计划。

（二）卖出套期保值的代价

代价就是保值者放弃了日后出现价格有利时获得更高利润的机会，如上例中如果指数不跌反涨，该私募不进行期货保值可以获得股市上涨的收益，但如果做了卖出套期保值，股市上涨的收益就得不到了。

卖出套期保值的适用对象及范围

卖出套期保值的适用对象：准备在未来某一时间内在现货市场上售出实物商品的生产经营者。为了日后在现货市场售出实际商品时所得到的价格仍能维持在当前合适的价格水平上，他们最大的担心就是，当未来需要在现货市场上卖出现货商品时价格下跌了，为此应当采取卖期保值方式来保护其日后售出实物的收益。具体说来，卖期保值主要用在下面几种情况中：

1. 直接生产商品期货实物的生产企业，如农场与工厂等，由于手头有库存产品尚未销售或即将生产、收获某种商品期货实物，担心日后出售时价格下跌；

2. 储运商、贸易商手头有库存现货尚未出售或储运商、贸易商已签订将来以特定价格买进某一商品但尚未转售出去，担心日后出售时价格下跌；

3. 加工制造企业担心库存原料价格下跌；

4. 在股指期货中，持有大量股票又担心未来股市下跌导致损失者。

5. 在国债期货中，持有大量债券（或国债），担心未来债券价格下跌或市场利率上升导致损失者。

套期保值的操作原则

套期保值的目的是对冲现货价格风险。为了实现这一目的，就必须遵守下列四项操作原则：交易方向相反原则；商品种类相同原则；数量相等或相近原则；月份相同或相近原则。套期保值交易的四大操作原则是任何套期保值交易都必须同时兼顾的，忽略其中任何一个都有可能影响套期保值交易的效果。

（一）交易方向相反原则

套期保值的目的是对冲现货价格风险，由于期货价格与现货价格具有正相关关系，对冲的前提自然是期货买卖的方向与现货方向是相反的。比如，在现货上现在有货或将来有货，担心未来价格下跌而受损。要对冲价格下跌风险就必须在期货市场中卖出。这显示为现货上的多头，期货上的空头。又如，手中目前无货或将来要交货，担心到需要买时价格上涨，要对冲价格上涨风险就必须在期货市场中买进。这显示为现货上的空头，期货上的多头。

如果违反了交易方向相反原则，所做的期货交易就不能称作套期保值交易了。因为这样做不仅达不到对冲价格风险的目的，反而增加了价格风险，其结果是要么同时在两个市场上亏损，要么同时在两个市场上盈利。比如，对现货市场上有货或将来有货者来说，如果他同时在期货市场做买方，那么，在价格上涨的情况下，他在两个市场上都会出现盈利；在价格下跌的情况下，在两个市场上都会出现亏损。

（二）商品种类相同原则

商品种类相同原则，是指在做套期保值交易时，所选择的期货品种应该和需要对冲风险的现货商品相同。只有相同的商品，期货价格和现货价格之间才会形成较强的正相关关系，才能在价格走势上保持大致相同的趋势，否则，所做的套期保值交易就难以达到规避价格风险的目的。如果期货市场上没有相同的品种，则应该选择那些在价格走势上大致相同的同类商品。比如，对于航空公司来说，在期货市场上不存在航空煤油这一品种，但由于航空煤油、燃料油、汽油都是石油的同源性产品，彼此之间的价格有着很高的正相关关系，因而，采用已经开设的原油期货、燃料油期货对航空煤油进行套期保值是完全有效的。国外航空公司通常也是这样做的。

（三）数量相等或相近原则

数量相等或相近原则是指在做套期保值交易时，在期货市场上买卖的数量应该与交易者需要对冲的商品数量基本相等。既然套期保值交易的目的是对冲现货风险，那么就应该是现货上有多少风险头寸，就应在期货上对冲多少头寸。对冲的数量太少，必定有部分现货头寸风险依旧；对冲数量过多，多余的头寸就成了投机头寸。

例如，在1997年，株洲冶炼厂年锌锭产量为25万吨左右。由于国际市场上锌价持续低迷，企业担心价格进一步下跌，便在伦敦金属交易所进行卖出套期保值交易。然而，在交易中，由于交易人员认定锌价还将继续下跌，卖出了40多万吨的期货，交割月份为1997年5～8月，卖出价格基本在每吨1000美元左右。结果，被一家瑞士的现货贸易商盯上。从1997年1月开始，LME 3月期锌价格开始大幅上扬，每月以100美元的速度走高。到4月时，株洲冶炼厂的期货操作人员对这一走势仍然没有重视。进入5月，由于追加保证金不能到位，短期内又不能交货，结果被迫在高位买入平仓，导致2亿美元的亏损。

（四）月份相同或相近原则

月份相同或相近原则，是指在做套期保值交易时，所选用的期货合约的交割月份最好与交易者将来在现货市场上实际买进或卖出的时间相同或相近。

选用相同或相近时间的期货合约，一是可以使期货合约覆盖的时间与现货暴露的风险时间一致；二是随着期货合约交割期的到来，期货和现货之间的价格差会缩小。这两条都有利于增强套期保值的效果。

比如，某企业每月需采购使用2000吨燃料油。年初时，燃料油现货市场价在每吨1800元左右，该企业认可此价格，并决定在期货市场进行买入套期保值。在选择合约月份时，最好是一年内每个月份的合约都买进200手（每手10吨）。每个合约都在到期前实施平仓，同时在现货市场上进行采购。

套期保值与交割

期货市场的任何挂牌合约都有结束的时候，具体来说，就是最后交易日结束后，继续持有头寸者必须进入交割程序，而在商品期货中，基本上都是采用实物交割形式的。

是否进行交割与是否属于套期保值之间并没有必然的联系。

作为套期保值者，他们进行期货交易的目的是利用期货价格与现货价格的同步走势来对冲期货持有期间现货价格的波动风险。在大多数情况下，套期保值者在完成对冲使命后都会选择对冲平仓的方法来结束套期保值行为。不能因为他们没有进入交割阶段就认为他们不是套期保值者。

同时，套期保值者如在最后选择交割也很正常。从理论上说，期货价格在最后与现货价格应该是一致的，即基差趋向于零，具有收敛效应。但在实际运行中，还是会打一些折扣。比如，在某些特殊情况下，由于流动性太小，或者套期保值双方力量悬殊，或者存在逼仓因素，则都会使期价最终拒绝与现价收敛或靠拢，这就使基差不仅不缩小，反而还会有所扩大。在这种情况下，套期保值者会发觉，进行交割比不进行交割更有利，因为交割更能达到套期保值的目的。

套期保值有没有风险

有人认为，套期保值头寸建立之后，期货与现货的风险被对冲了，不论价格涨跌，都是一边盈利另一边亏损，因而套期保值是没有风险的，即使具有风险，也仅限于基差风险。

上述说法在理论上是成立的，但没有考虑到在实际操作中可能遇到的风险。在实际操作中，套期保值的风险主要表现在期货亏损上。尽管在这种情况下，企业在现货上是有利的。但由于期货交易上的亏损必须及时用现金弥补，而现货上的额外收益或好处是在未来逐渐体现出来的，并不能现在就起到弥补期货亏损的作用。如果在套期保值中，企业严格遵守数量对等的原则，有足够的思想准备及维持头寸的资金，一直坚持到最后，最终的损失可能不会很大。因为这些损失可以在后来的现货上逐渐收回。但是，如果企业没有足够的现金追加保证金，套期保值很可能中途流产。一旦套期保值计划失败，或者在套期保值数量上还夹杂着部分投机头寸，则最终导致的损失很可能远远超过现货上的收益。失败的套期保值案例，几乎都是因为没有处理好这种风险导致的。

价格预测对套期保值同样重要

套期保值的风险特征主要为：期货头寸的方向与期货价格波动方向不一致。显然，降低这种风险的一个重要途径是提高市场价格的预测能力。

套期保值者通常都是与现货有关的企业，他们对市场非常熟悉，这当然是一个优点。但某种程度上，就是因为对市场太熟悉了，才很可能影响其对后市的正确判断。比如，在一波较大的上升行情发生之前，价格通常会呈现出极度低迷。对企业来说，由于一直沉浸在这种极度低迷之中，感同身受，所以它们对后市非常悲观。一旦价格有所回升，供应商会觉得在这时进行套期保值卖出已经很满足了，但后来的事实表明卖得太早了。

许多实际例子表明，在一些较大或特大行情面前，现货商的预测能力反而不如投机者。正是在这种情况下，套期保值失败的比例会很高。这就表明了，提高预测能力，不仅仅是投机者的必修功课，也是套期保值者必须认真对待的一门功课。

在价格预测方面，投机者具有一些套期保值者不具备的优点，比如，他们熟悉各种测市方法，重视各种测市指标，强调趋势判断及顺应趋势，不轻易判断市场的顶点和底点，并在交易中设置止损目标。这些都是非常有益的投资经验，值得套期保值者学习。套期保值者在形成套期保值方案之前，应该在发挥自己对现货市场熟悉这一长处的同时，吸取投机者的经验和知识。这对提高测市能力，制定出更加合适的套期保值方案，降低套期保值的风险会有很大帮助。

套期保值的力度问题

套期保值原则中有“数量相等”的要求，对此不能机械理解和简单套用。考虑到期货市场本身具有的风险以及套期保值也可能导致获利机会丧失的弱点，企业可以根据自己的实际情况及风险承受能力对套保数量进行平衡。

所谓保值力度，是指企业参与保值的数量占企业消耗量（对消费企业）或产量（对生产企业）的百分比。保值力度介于0与100之间，0代表“不保”，100代表“全保”。如果超出100，就是“保值过度”。由于保值过度部分的头寸等同于投机，故套期保值企业应该杜绝出现“保值过度”的问题。

一般而言，不同企业保值力度大小的设定，主要取决于企业决策层。通常情况下，可以将50%的力度作为一个常规的立足点，而保值力度的增减与调整可以根据不同的市况进行。比如，对需要销售保值品种的企业而言，当后市发展比较乐观或处于牛市中，可以考虑将保值力度压缩到1/3；当后市比较悲观或处于熊市中，可以考虑将保值力度增大到80%甚至更多。反之，对需要采购该品种的企业而言，当后市发展比较乐观或处于牛市中，可以考虑增加保值力度；当后市比较悲观或处于熊市中，可以考虑压缩保值力度。总之，既要考虑企业经营的稳定性，又要考虑企业经营的灵活性。对于刚进入期货市场进行套期保值的企业，考虑到其经验不足，将保值力度控制在更低一些的水平，也是正常的。

第五章

期货的低风险交易策略——套利交易

套利交易是指交易者针对市场上两个相同或相关资产暂时出现的不合理价差同时进行一买一卖的交易。一般而言，套利交易的风险相对较小，所能获取的利润相对也不大。本章将对期货交易中常见的套利方法进行介绍。

什么是套利交易

所谓套利，是指交易者针对市场上两个相同或相关资产暂时出现的不合理价差同时进行一买一卖的交易。如果这种不合理价差缩小或消失了，套利者即可再作相反的买卖，获取套利利润。

套利的两边必须是相同或相关资产，因为相同或相关资产在价格走势上具有近似性，两者之间的价差不仅是可以识别、可以理解的，而且在实际走势中，价差也会环绕着平均价差波动。

如果两个相同或相关资产是同一交易所内同一品种不同交割月份的期货合约，则这种套利通常被称为跨期套利（Intradelivery Spread）。

如果套利是在期货市场与现货市场上同时进行的，则通常被称为期现套利（Arbitrage）。

如果套利是在不同的交易所进行的，套取的是市场间价差（Intermarket Spread），则通常被称为跨市套利。

如果套利的资产是不同但有相互关联的商品，套取的是跨品种价差（Intracommodity Spread），则被称为跨品种套利。跨品种套利既可在同一市场中进行，也可在不同市场间进行。

在进行套利交易时，交易者关注的是相同或相关资产之间的相互价格关系，而不是绝对价格水平，他们买进自认为“便宜”的资产或合约，同时卖出等量的自认为“偏高”的资产或合约。不管这些资产或合约的价格在后期是暴涨还是暴跌，交易者总是一边亏损而在另一边盈利，如果盈利大于亏损，相对价差变化有利于交易者，交易者就可从中获得套利利润；反之，若盈利小于亏损，相对价差变化不利于交易者，交易者就面临套利亏损的结局。如果遇到更加极端的情况，价格变动之后，“便宜”的价格下跌了，“偏高”的价格却又上涨了，则亏损也会变得更大。

套利交易与投机交易的区别

期货交易中的投机是指单边买进（卖出）期货合约，属于单边交易。买入（卖出）投机者寄希望于价格绝对水平上涨（下跌）而获利，价格上涨（下跌）的幅度越大，得到的投机利润也就越大；反之如果行情出现不利于投资者的变化，则亏损额也会很大。而套利交易是同时进行一买一卖，是双边交易。盈亏不取决于价格的绝对水平变化，而取决于价差变化。由于价差的变动幅度一般是有限的，故盈利或亏损的数额不会很大。

显然，两者的主要区别可以归纳为两条：第一，单边交易和双边交易的区别；第二，风险大小的区别。套利交易是一种相对低风险的交易策略，所冒的风险远低于投机交易。

套利交易对期货市场的作用

套利交易是一种低风险投机，投机的着眼点是价差变化。套利交易对期货市场的正常运行起到了非常有益的作用。

（一）套利交易有助于价格发现功能的有效发挥

尽管具有相同或相关资产的价格走势是基本相同的，但由于时间和空间的差别或其他原因，彼此之间还是会有一些独立影响因素，这些因素有可能催生了不正常的价差，使相同或相关资产的价格关系出现紊乱或失真。由于套利者最关注价差变化，当发现不正常的价格关系时，会积极入市套利。价差变化越大，套利的积极性越高，套利的人也越多。从客观上起到了促使各种价格关系趋于正常的作用，即对市场价格的纠偏作用。这对于市场形成比较公平的价格是非常有益的。

（二）套利行为有助于市场流动性的提高

套利行为的存在增加了期货市场的交易量，提高了期货交易的活跃程度，起到了市场润滑剂和减震器的作用。这对于排除或减弱市场垄断力量，保证交易者的正常进出和套期保值操作的顺利实现都具有很大的好处。

套利交易的优惠和交易指令

正因为套利交易有这么多好处，国际上绝大多数交易所都对套利交易实行优惠措施。优惠主要体现在收取较低的保证金和较低的手续费，并且开设套利交易通道等方面。比如，在单边买卖一张合约需要2000美元保证金的情况下，进行同品种跨月套利交易的一对买卖保证金可能只要500美元。这样就大大节约了套利者的资金成本，使交易者在同等资金条件下可以做更多的套利交易。同样，在手续费收取上，对套利交易者也有较大的优惠。

国内期货市场中，郑州商品交易所和大连商品交易所都推出了自己的套利交易指令。

例如，大连商品交易所规定套利交易的保证金只收两个保证金中较高的一个，交易手续费也有优惠。其交易系统用“SP”表示跨期套利交易，若指令买进“SP a1409&a1501”即代表买进“a1409”合约同时卖出“a1501”合约，买卖数量相等；若卖出“SP a1409&a1501”即代表卖出“a1409”合约同时买进“a1501”合约，买卖数量相等。交易系统用“SPC”表示跨品种套利交易，若指令买进“SPC y1409&p1409”即代表买进“y1409”合约同时卖出“p1409”合约，买卖数量相等；若卖出“SPC y1409&p1409”即代表卖出“y1409”合约同时买进“p1409”合约，买卖数量相等。

在申报套利指令时，同样要输入买卖数量和价格，不过这里的数量并非单个合约，而是成对的合约；价格也并非单个合约的价格，而是前一合约与后一合约的价格差。

例如，交易者申报指令为“买进 2 手 SP a1409&a1501，限价 -50 元”，意味着前一合约价必须低于后一合约价 50 元时才能成交。下列最终成交回报都符合要求：前一合约买进成交 2 手，成交价 4481 元，后一合约卖出成交 2 手，成交价 4531 元，差价为 -50 元；前一合约买进成交 2 手，成交价 4480 元，后一合约卖出成交 2 手，成交价 4531 元，差价为 -51 元；前一合约买进成交 2 手，成交价 4481 元，后一合约卖出成交 2 手，成交价 4532 元，差价为 -51 元。

牛市套利（Bull Spread）

对于大多数商品期货来说，当市场是牛市（看涨的）时，较近月份的合约价格上涨幅度往往要大于较远期合约价格的上涨幅度。因而，远期合约价格与较近月份合约价格之间的价差往往会缩小。在这种情况下，买入较近月份的合约同时卖出远期月份的合约进行套利盈利的可能性比较大，通常将这种套利方式称为牛市套利。一般来说，牛市套利对于可储存的商品并且是在相同的作物年度最有效，例如，买入 3 月小麦期货同时卖出 5 月小麦期货。可以适用于牛市套利的可储存的商品包括谷物、大豆及其产品、糖、橙汁、胶合板、木材、猪腩和铜。对于不可储存的商品，如活牛、生猪等，不同交割月份的商品期货价格间的相关性很低或根本不相关，进行牛市套利是没有意义的。

（一）牛市套利的例子

某交易者根据历年期铜市场 5 月底的 9 月合约与 11 月合约之间的价差

分析，认为9月合约的价格较低，其与11月合约之间的价差大于正常年份水平，于是交易者决定以每吨47530元的价格买入1手（5吨）9月铜期货合约，同时以47980元/吨卖出1手11月铜期货合约。7月30日9月铜价上涨至47960元/吨，11月铜价上涨至48075元/吨，此时该交易者认为9月合约与11月合约之间的价差已经恢复到正常水平，决定双向平仓，则：

最终盈利 = (47960 - 47530) ×5 + (47980 - 48075) ×5 = 1675（元）

若以9月合约与11月合约的出入市价差水平计算，入市时价差为450元/吨（11月价格 - 9月价格），出场时为115元/吨，用价差变化计算总盈利水平为：(450 - 115) ×5 = 1675元/吨。具体情况如表5 - 1所示。

表5 - 1　　牛市套利案例

项目	套利操作		
5月底	买入1手9月铜合约价格为47530元/吨	卖出1手11月铜合约价格为47980元/吨	价差450元/吨
7月底	卖出1手9月铜合约价格为47960元/吨	买入1手11月铜合约价格为48075元/吨	价差115元/吨
套利结果	获利：430元/吨	亏损：95元/吨	价差下降335元
	净获利为：5×430 - 5×95 = 1675元（不计交易手续费）		

（二）牛市套利图解

从图5 - 1可见，牛市套利中，由于近期月份合约价格上涨比远期月份合约价格上涨快，价差因此缩小，牛市套利因而获利。

正向市场中牛市套利获利的条件是价差缩小。

对上例来说，即使到时期价没跌反而上涨了，也不要紧，只要价差减小，仍不会改变盈利的结果。比如到7月底，9月期货合约价格跌至47260元/吨，11月期货合约跌至47375元/吨，实际价差仍缩小为115元/吨，该交易者实施平仓，交易结果仍旧是净获利115元/吨（不计交易手续费）。可见，牛市套利是否能获利主要取决于价差能否减小，与期价本身的涨跌是无关的（见图5 - 2）。

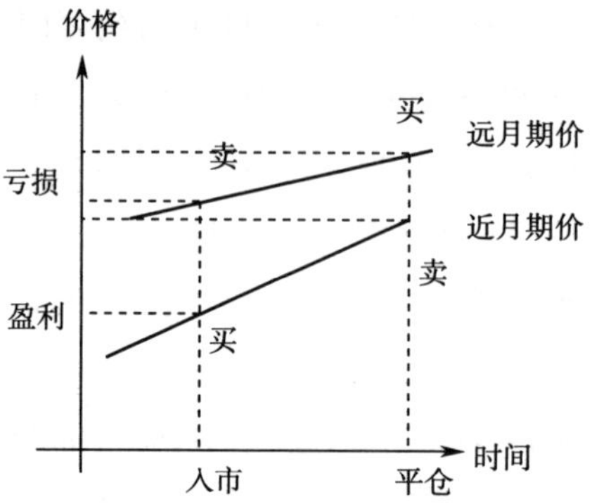

图 5-1 牛市套利示意图（1）

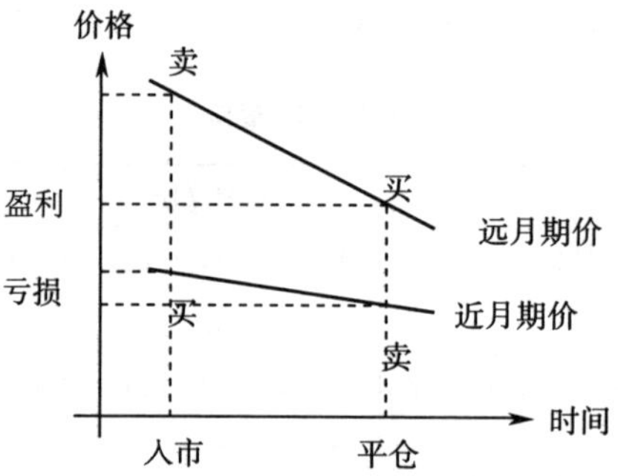

图 5-2 牛市套利示意图（2）

显然，采用牛市套利策略，如果碰到价差迟迟不减小，或者反而有所扩大，那么套利者就免不了白辛苦一场，甚至只能以净亏损结局收场。

熊市套利（Bear Spread）

所谓熊市套利，是指卖出较近月份的合约同时买入远期月份的合约，这正好与牛市套利策略相反。之所以称为熊市套利，是因为一般认为当市场是熊市时，较近月份合约价格下降的幅度通常大于较远期合约价格的下降幅度，远期合约价格与较近月份合约价格之间的价差往往会扩大。如果后市确实是这样的，则卖出较近月份的合约同时买入远期月份的合约进行套利盈利的可能性就比较大。

在进行熊市套利时需要注意的是，如果近期合约的价格已经相当低，以至于它不可能进一步偏离远期合约时，进行熊市套利是很难获利的。

（一）熊市套利的例子

10 月 1 日，次年 3 月份玉米合约价格为 2.16 美元/蒲式耳，5 月份合约价格为 2.25 美元/蒲式耳，前者比后者低 9 美分。交易者预计玉米价格将下降，3 月与 5 月的期货合约的价差将有可能扩大。于是，交易者卖出 1 手（1 手为 5000 蒲式耳）3 月份玉米合约的同时买入 1 手 5 月份玉米合约。到了 12 月 1 日，3 月和 5 月的玉米期货价格分别下降为 2.10 美元/蒲式耳和 2.22 美元/蒲式耳，两者的价差为 12 美分，价差扩大。交易者同时将两种期货合约平仓，从而完成套利交易。交易的结果见表 5－2。

表 5－2　熊市套利案例

项目	套利操作		
10 月 1 日	卖出 1 手 3 月份玉米期货合约，价格为 2.16 美元	买入 1 手 5 月份玉米期货合约，价格为 2.25 美元	价差 9 美分
12 月 1 日	买入 1 手 3 月份玉米期货合约，价格 2.10 美元	卖出 1 手 5 月份玉米期货合约，价格 2.22 美元	价差 12 美分
各边的盈亏状况	盈利 6 美分/蒲式耳	亏损 3 美分/蒲式耳	价差扩大 3 美分
最终结果	盈利 3 美分/蒲式耳，总盈利为 0.03 × 5000 = 150 美元（不计交易手续费）		

（二）熊市套利图解

从图 5－3 可见，熊市套利中，由于近期月份合约价下跌比远期月份合约价下跌快，价差因此扩大，熊市套利因而获利。同样，采用熊市套利策略后期价如果不跌反涨时，只要价差扩大，仍不会改变盈利的结果。

显然，采用熊市套利策略，如果碰到价差迟迟不扩大，或者反而有所缩小，那么套利者就免不了白辛苦一场，甚至只能以净亏损结局收场了。

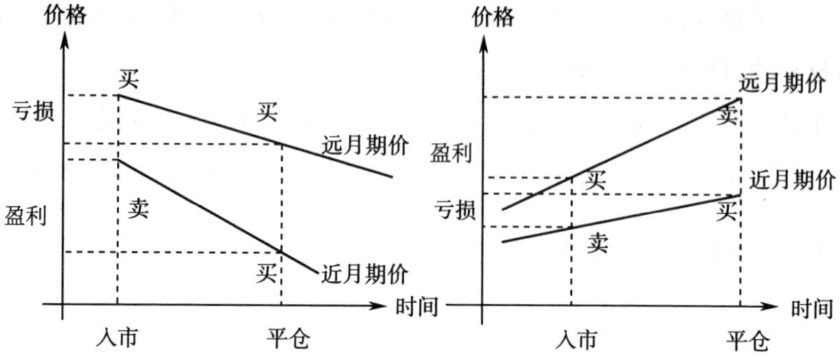

图 5－3　熊市套利示意图

期现套利（Arbitrage）

当套利在期货市场与现货市场上同步进行时，则称为期现套利（Arbitrage）。比如，交易者看到3个月后的大豆期货价格比现在现货市场上大豆价格高出了许多，于是在买进现货大豆的同时卖出大豆期货。一段时间后，价差缩小。该交易者将手中的现货大豆卖出，同时买进期货大豆平仓，实现套利目的。如果价差没缩小，该交易者很可能采取实物交割的办法来确保获得套利利润。

例如，沪深300指数为2200点，相距30天到期的沪深300股指期货合约价为2240点，高出现货指数40点。套利者经过计算确定套利成本只需要10个指数点（包括买卖股票的手续费、印花税、买卖期货指数的手续费及资金占用产生的利息成本），于是卖出股指期货合约，同时买进与股指期货规模相等的一篮子股票，由于股指期货采用现金交割，最后的期货指数与现货指数一定相同，在期货指数与现货指数相同的情况下两边一起平仓，就赚到了40点，扣除成本10点，还净赚30点，相对于2200点的指数水平，获利率可以超过1%。

前面所指的期现套利，是指当期价被高估时，买进现货，同时卖出期货，通常将这种套利称为正向套利。实际上，当期价被低估时，还可以进行相反的期现套利，那就是卖出现货，同时买进期货，这种套利被称为反向套利。不过，由于反向套利涉及先在现货市场卖空的难题，其难度或成本远高于正向套利。

期现套利中的无套利区间

期现套利的前提是期货价格必须高于或低于现货价格一个较大的量。在高出一定数量的情况下，可以进行正向套利，将现货价格加上这个数量之后的价格称为上边界，只有当期货价格高于上边界的情况下才能进行正向套利。同样，在反向套利时，期货价格必须低现货价格一定数量，将现货价格减去这个数量之后的价格称为下边界，只有当期货价格低于下边界的情况下才能进行反向套利。当期货价格落在上下边界之间时，无法进行期现套利。因而将这个上下边界之间的区域称为无套利区间。

例如，假定沪深 300 指数为 2200 点，股指期货合约还有一个月到期，如果从事正向期现套利，计算得到成本为 10 个点，从事反向期现套利成本为 20 个点，则该期货合约的正向套利上边界就是 2210 点，反向套利的下边界就是 2180 点。于是，无套利区间就是（2180，2210）。这意味着，若期货指数落在该区间内，投资者是无法进行期货套利的。

期现套利与套期保值的区别

从形式上看，期现套利与套期保值有很多相似之处。比如，同样是在两个市场，同样是方向相反，同样是数量相等，甚至同样是时间上同步。那么，两者究竟有什么区别？

主要区别有下列三条：

（一）两者在现货市场上所处地位不同

期现套利者与现货并没有实质性的联系，现货风险对他们来说实际上是不必要必须承受的。而套期保值者、生产者或者是经营者，与对应现货的关系是实质性的，现货风险是客观存在的，是躲也躲不掉的。

（二）两者的目的不同

期现套利交易的目的在于“利”，看到有利可图才进行买卖；而套期保值的根本目的在于“保值”，即为了避险而进行期货交易，具有必要性。

（三）操作方式及价位观不同

比如对卖期保值而言，是现在没货，将来有货，担心将来价格下跌而卖出期货。即使现在期价比现价低一些，也会卖出期货进行保值。而对期现套利者而言，一次交易后便成为既有货又有期货，锁定了两者之间的差价。对期现套利者而言，是绝对不可能在期价比现价低的情况下买现货卖期货的。

跨市套利（Intermarket Spread）

在期货市场上，许多交易所都交易相同或相似的期货商品，例如，在美国，有多家交易所交易小麦，然而芝加哥期货交易所、大连商品交易所都进行大豆期货交易，伦敦金属交易所、上海期货交易所和纽约商业交易所都进行铜、铝等有色金属交易。跨市套利（Intermarket Spread）就是指在某个交易所买入（或卖出）某一交割月份的某种商品合约的同时在另一个交易所卖出（或买入）同一交割月份的同种商品合约，以期未来遇到有利时机时分别在两个交易所对冲在手的合约获利。

跨市套利的基本原理与跨期套利是相同的。

一般来说，同一品种在不同交易所的期货价格关系通常是比较稳定的。这是因为由于合约到期后要进行实物交割，如果两个交易所同种商品的期货价差太大，套利者就会通过从价格相对较低的交易所买入期货，同时在价格相对较高的交易所卖出期货，然后等合约到期时进行实物交割，将前者低价买入的商品用于后者高价卖出，从而获利。在实际操作中，套利者并不需要持有合约至交割，当价差发生有利变化时即可平仓获利。

跨市套利的条件是两个交易所开设同样的品种交易，由于国内五家期货交易所的品种基本上不相同，所以很难进行这种套利交易。但从国内外比较的角度看，可以进行跨市套利交易的品种还是很多的。比如，上海期货交易所与伦敦金属交易所的许多品种是相同的，大连商品交易所与芝加哥期货交易所的大豆品种也有很大的关联性。

跨市套利注意事项

在进行跨市套利时，应对影响同种商品在不同交易所的价格差异的主要因素予以了解，以判断两个交易所的价差是否属于正常范围。总的来说，影响不同交易所同种商品价格差异的主要因素包括三个方面：

（一）不同地点的运输费用

这是决定价格差异的主要因素。一般来说，距产地越近的交易所的期货价格往往越低；反之则越高。两者期货价格差额的大部分由两地间的运费构成。

（二）交割品级的差异

虽然不同交易所可能上市同一种商品的期货，但不同交易所对交割商品的品级规定有可能存在差异。这在一定程度上会造成同一品种在不同交易所的价格差异。同时，各交易所对替代品的升贴水标准也有很大差异。

投资者在进行跨市套利时，应对各交易所间交割品级的差别有充分的了解。

（三）交易单位、汇率、相关税费及交易成本的影响

在涉及不同国家交易所的套利时，应注意交易所对商品的交易单位规定的差异，例如 CBOT 小麦合约是 5000 蒲式耳/张，而中国郑州商品交易所是 10 吨/张，在套利时应掌握两者的换算关系，从而保证买卖合约所代表的数量是相近的。跨国界的套利活动还会涉及汇率问题，汇率的变动会影响期价及盈亏金额，因此也要了解汇率变动趋势及应采取的相应措施。涉及不同国家交易所的跨市套利时，还要注意关税及交易成本费用等方面的变化，因为这会直接影响到跨市套利的效果。

跨品种套利（Intracommodity Spread）

跨品种套利（Intracommodity Spread）是指在两个不同但相关联的商品之间套利。具体来说，跨品种套利就是在买入或卖出一种商品期货合约的同时卖出或买入另一相关联的商品期货合约，并在未来某一时间同时将两种期货合约对冲平仓的交易。

跨品种套利的前提是两个品种之间尽管有区别，但应该具有重要的共同影响因素或在用途上具有较高的相互替代性。比如，燃料油、汽油、航空油这些油类产品，尽管使用用途不一样，但都是石油生产的，它们的价格都会受到石油价格的影响。又如玉米和小麦，不仅都是农产品，而且在使用上，都可用作食品加工及饲料；大连商品交易所的豆油、棕榈油和郑州商品交易所的菜籽油也有一定程度的替代性。

商品产品套利（Commodity Product Spread）

跨品种套利中，还有一类品种更具特殊性，比如，豆油、豆粕和大豆，燃料油、汽油、航空油和石油。其特殊性在于两组产品的前者是后者的加工制成品，或者说，后者是前者的原材料。不难想到，在原材料和其产成品的价格之间，应该具有很高的相关性。如果在这些原材料品种和其制成品之间进行套利交易，就称为商品产品套利（Commodity Product Spread）。显然，商品产品套利也属于跨品种套利的内容。

商品产品间价格的正常关系应该是绝大部分加工商能够获得正常的加工利润。如果加工商无法获得正常利润甚至是亏损，加工商必定会减少甚至退出生产，这样，一方面会导致原材料需求减少，从而导致价格下跌，另一方面又会由于制成品供应减少而导致价格上涨，最终会恢复加工商的加工利润。反之，如果加工利润很高，一方面会由于原材料需求上升而导致价格上涨，另一方面会由于制成品供应量剧增而导致价格下跌。所以，从较长时期考察，商品产品间正常价差应该取决于正常的加工利润。

如果原材料及产成品的期货价格关系发生变化，使按照毛利润公式得到的数值超过了正常的利润幅度，交易者可以通过卖出产成品的期货合约的同时买入原材料期货合约进行套利。对于加工商来说，通过这种套利活动可以弥补现货市场中因原材料价格上涨或制成品价格下跌造成的损失。比如，在原油系列产品的套利中，买入原油期货合约的同时卖出相同月份的燃料油或汽油的期货合约，这种套利称为原油提炼套利（Crack Spread）；如果原材料及产成品的期货价格，按照毛利润公式得到的数值小于正常的利润幅度（甚至是负值），则交易者可以通过买入产成品期货合约的同时卖出原材料期货合约进行套利。对于加工商来说，通过这种套利活动可以弥补现货市场中价格倒挂带来的损失。比如，在原油系列产品套利中，卖出原油期货合约的同时买入相同月份的燃料油或汽油的期货合约，这种套利称为反向原油提炼套利（Reverse Crack Spread）。

在大豆系列产品的套利中，买入大豆期货合约的同时卖出相同月份的豆油和豆粕期货合约，这种套利称为大豆提油套利（Crush Spread）；卖出大豆期货合约的同时买入相同月份的豆油和豆粕期货合约，这种套利称为反向大豆提油套利（Reverse Crush Spread）。

正确认识套利交易的利润与风险

正确认识套利交易的利润和风险之间的相互关系，有助于增加实际交易过程中的理性成分。

从利润角度看，套利交易是利用当前市场出现的非正常价差机会，争取获得价差恢复正常后的“回归利润”。与投机利润相比，这一利润是很小的，当然，相对于单向投机而言，套利交易的风险也较小。套利交易的低风险与低收益相匹配，投机交易的高风险与高收益相匹配，因此，从风险报酬比来看，两者并没有多大的区别。

实际上，对风险和收益的准确度量必须结合投入的资金来考虑。在国外，有些交易所对套利交易收取的保证金非常低，使套利交易者可以放大头寸规模。其有利之处是让套利者提高了资金利用率，但必须注意，风险规模也因此被放大了。比如，在一定量的保证金下，只能做 1 张单向投机单，但可以做 10 对套利单，如果价差有利于套利者，获利率可以大幅提高；相反，如果走势不利于套利者，导致的损失率也会非常大。

第六章

期货的高风险交易策略——投机交易

期货投机是高风险交易，从事期货投机的交易者在之前必须有清醒的认识。本章对期货投机者的常见类型和风格进行介绍，对投机者的建仓和平仓过程进行分析，对投机交易者中存在的一些不良习惯进行提示并提出了一些值得注意的忠告。

勇敢者的游戏

“股市有风险，入市须谨慎”，已经成为股市风险教育中最经典的标语。对于打算进行期货投机的新入市者，必须知道，期市的风险比股市的风险更大。下面，不妨进行一些比较。

股票的风险主要表现在下跌风险。股票上涨时，除了极少部分融券做空的交易者会发生亏损外，基本上是皆大欢喜，卖出股票而踏空的交易者实际上也没亏钱，不过是少赚了而已。而期货不一样，因为多头和空头是对称的，有一个多头就有一个空头，期货价格上涨，多头挣钱，空头必定亏钱；反之，当期货价格下跌时，空头赚钱，多头必定亏钱。永远不存在皆大欢喜的情景。

股票没有时间紧迫感，只要上市公司不退市，股票可以一直存在，这也是不少交易者在股票套牢后可以坚持不卖出的重要原因。而期货不一样，任何一个期货合约都有到期时间，亏损交易者在合约到期时只能亏损出场。股票下跌之后交易者改为长期持有，尽管不是一种很好的交易策略，但股票的分红机制会适度减轻其损失，尤其是一些市盈率较低、质地较好的股票，长期持有得到的现金分红比率比银行存款利率还高，在这种情况下，尽管股价是下跌的，但从投资角度看并没有亏损。

股票交易的杠杆率较低，从资金利用率看的确是一个缺陷，但从风险角度看，无疑是一个优点。期货的杠杆率较高，资金利用率大幅提高的背后实际上风险也被大幅提高了。在期货交易中，有很多案例表明，交易者基本看对了大行情，但在过程中因为小小的反向走势被震出局，不仅没赚钱，反而亏了钱。之所以抵抗不住小小的震荡，一个重要原因就是过高的保证金杠杆率导致较大的亏损，所以将投资者逼退了。

从事期货交易，既可能挣钱也可能亏钱，有时还可能亏得很惨。按理说，这些都是基本常识，为什么还要刻意强调呢？这是因为，对初入市的交易者而言，可以说他们都是抱着赚大钱这一美好的愿望来的，获利的期望值都比较高，但由于没有实际操作经验以及赔钱的经历，对风险的认识通常又是比较模糊的。一些新入市的投资者会这样想，期货交易是有风险的，不过，只要我小心一些，亏损的可能性就不大，即使亏损，也不至于大亏，抓住机会，大赢一把，什么都有了。这种想法，固然有其合理性，但仍旧暴露出对投资风险的认识不足。原因在于：首先，在突发事件中，有时即使已经很小心了，仍旧免不了发生较大的亏损。比如，很小的持仓，但碰到接连的反方向停板，头寸平不了仓，损失会快速扩大。其次，机会的认定往往是主观的，如果客观情况恰好与之相反，大赢一把很可能会变为大亏一把。最后，初入市交易者在小心的心态下，如果连续挣了些小钱，往往会改变小心的心态，他们会想到，如果前几次交易的单量大一些，钱不就挣得更多吗？在这种获利的诱惑下，风险意识会逐渐淡化。可以说，期货交易中的成功人士都有这样的经历，从小心到大意，然后在吃了大亏后再转为小心。

期货交易的风险究竟有多大

期货交易有很大的风险，但风险究竟有多大，我们不妨再看一遍“期货交易风险说明书”。按照规定，交易者在开设期货交易账户之前，都必须签名确认已经阅读过“期货交易风险说明书”（以下简称“说明书”）。

“说明书”在开头就会提到，“您应当充分了解到，期货合约交易采取保证金交易方式，具有杠杆性，带有高度的风险。相对较小的市场波动，可能使您产生巨大亏损，损失的总额可能超过您存放在期货公司的全部初始保证金以及追加保证金。期权合约交易采取权利金和保证金的交易方式，如您购买期权合约可能没有任何收益，甚至损失全部投资；如您卖出期权合约，您可能发生巨额损失，这一损失可能远大于该期权的权利金，并可能超过您存放在期货公司的全部初始保证金以及追加保证金。”

“说明书”中还会提到，“您应当充分了解到，在因市场行情波动剧烈出现单边涨跌停价格、投资者缺乏投资兴趣、流动性的变化或其他因素给某些合约市场的流动性、有效性、持续性等带来不利影响时，您可能会难以或无法将持有的未平仓期货合约或期权合约平仓。如出现这类情况，您的所有保证金有可能无法弥补全部损失，您必须承担由此导致的全部损失。”

充分理解“说明书”所述内容，是您进入期货市场前至关重要的一步。

警钟长鸣有什么好处

充分认识期货投机交易的高风险特征，无论对打算入市的交易者还是已经入市的交易者而言，都有着十分重要的意义，至少可以说只有好处没有坏处。

它会告诉打算入市的交易者：只用“闲钱”交易，不要将赖以生存的钱投入期市，不要将不能输或输不起的钱投入期市。

它会告诉初入市的交易者，应该“从小额交易做起”“慎重地选择入市时机”；应该“量力而行，留有余地”；还应该“设立止损点位，勇于认错，不与市场作对”。

这些不仅仅是人们的经验之谈，也是多少人的血泪教训。

从交易者的心态考虑，一个输得起的交易者相对容易保持比较平和的心态。对一个输不起的交易者而言，一旦价格走势对自己的持仓有些不利，就会引发出莫名的恐惧感，这种恐惧感不仅会影响交易者判断力，使其发出错误的指令，也会大大地限制其应有的获利能力。

尽管期货交易有风险，但风险是伴随着利润而共生的。有人从期货交易中获利，必定有人在期货交易中亏损。问题是你是否有能力得到这个风险利润？这个能力既不是人人都具备的，也不是先天就有的。因而，对于打算入市的交易者而言，的确有必要自问一下，“我适合从事期货交易吗?”

首先，作为高风险交易，它不仅需要投资者预先投入一笔资金，更重要的是还得投入大量的时间和精力。这些，你具备吗？如果你连看盘的时间都没有，也没有时间去阅读相关资料及分析行情，那怎么做交易呢？我们必须明白，做期货与做股票对时间的要求是不一样的，它不能像股票那样可以久拖不决，暂时缺位也无妨。特别是当行情波动较大时，如果你持有头寸而不具备看盘和下单的条件，很可能因处理不及时而导致重大亏损。

其次，即使资金、时间、精力都不成问题，那也不能说明一定能够长期获取风险利润。在期货交易中，一次、二次甚至更多次获得利润并不难，发生几次亏损也很正常，其中很可能有运气的因素。但是，要在反复的盈亏之间，保持长久的获利记录，那就不是运气了。从大量的成功者的经验来看，他们之所以具备长期获利能力，与他们具有较高的综合知识水平是密切相关的。这种综合知识水平，既包括独立运用分析现有信息的能力，也包括长期交易中积累下来的经验教训。而这些经验教训，往往是付出沉重代价后的结果。期货交易中的佼佼者，几乎都有过痛楚的经历，有时甚至要经历几起几落。

最后，良好的心理素质极其重要，而良好的心理素质并不是所有人都具有的。恐惧心理、贪婪心理、贪小心理、侥幸心理及从众心理等都会导致交易失败。尽管交易者在理性上也能意识到其危害性，但正如俗语所说“江山易改，本性难移”，一旦同样的场景再出现，不少人还是会重犯过去的老错误。

风格多样的投机者

投机的目的只有一个，那就是赚钱，然而，投机的方法或风格却不一而足。比如，从投机者冒险的程度分，可分为单向投机者和套利投机者。单向投机是指单向买进或单向卖出，一旦价格上涨或下跌就可获利，如果相反则亏损；前面介绍的套利实际上也是投机，两者的区别是套利投机的风险和收益都比较小。

在单向投机中，还可以有如下划分方法。

从交易头寸区分，可分为多头投机者和空头投机者。在交易中，投机者根据对未来价格变动的预测来确定其交易头寸。买进期货合约投机者，拥有多头头寸，被称为多头投机者。卖出期货合约者，持有空头头寸，被称为空头投机者。

从交易量大小区分，可分为大投机商和中小投机商。对大、中、小投机商的界定一般是根据其交易量的大小和拥有资金的多少。这又和所参与交易的市场规模有关。目前还没有绝对的量化标准。

从分析预测方法区分，可分为基本面分析派和技术分析派。基本面分析派是通过分析商品供求因素来预测价格走势，技术分析派是通过借助图形和技术指标来对商品的价格走势进行分析。

从持仓时间区分，可分为长线交易者、短线交易者、当日交易者和抢帽子者。长线交易者通常将合约持有几天、几周甚至几个月，待价格变动至对其有利时再将合约对冲；短线交易者一般是当天下单，在一日或几日内了结；当日交易者一般只进行当日或某一交易节的买卖，很少将持有的头寸拖到第二天；抢帽子者又称逐小利者，是利用微小的价格波动来赚取微小利润，他们频繁进出，但交易量很大，希望以大量微利头寸来赚取利润。

短线交易和长线交易是两种风格完全不同的交易方式。短线交易者不关心价格的长期趋势，不作基本面分析，甚至也不听消息。他们关注的是盘中的波动机会，通过频繁的买进卖出以求赚取差价。在交易中，不仅赚到后随即平仓，发生亏损也毫不犹豫地止损。不留隔夜仓是他们的基本方针。短线交易者的业绩与交易者的性格及经验有关，不是所有的人都适合进行短线交易。在长期的交易实践中，的确也涌现出了一批短线高手。

长线交易者相反，他们关注价格的长期趋势，寄希望在长期趋势中赚钱，因而对价格的短期波动不怎么关注。

对新入市交易者的忠告

新入市的交易者，由于缺乏经验，即使对期货交易的规则已经有所学习和了解，但在进行期货交易时，还是谨慎为好。急于求成往往事与愿违，最好将初始阶段的交易看作学习和练习的机会。

（一）从模拟交易开始

目前国内各期货交易所都提供模拟交易（或仿真交易）平台，新入市的交易者不妨利用模拟交易平台先练练手。模拟交易有一个好处，那就是可以促使你进入状态，促使你带着问题去思考和学习更多的东西，帮助你了解最基本的交易方式。例如，在某个价位上，该买还是卖，或者还是应该等待一下，在作决策之前，你必定会思考一些问题，同时查询一些有关历史和现状的资料。比如，供需情况如何？后来的预期如何？不同预期的分歧在哪里？历史上有没有类似情况？如果有，行情是如何演化的？从各种技术指标看，处于什么状态？这些指标的确切含义究竟是什么？按这些指标判断，应该是做多还是做空？如果交易，应该下多少单量？下这些单量，保证金占用的比例会达到多少？下单时，交易指令应该如何组织及发送？价位变动到什么程度，这些单量的盈利或亏损会达到多少？出现这种情况后该怎么处理？是获利（割肉）平仓还是加码买卖？所有这些，都会起到提示你如何思考、如何学习的作用。更重要的是过了一段时间后，你可以将实际行情走势与当初的交易决策进行比较，以发现前面的思考有哪些欠缺或不成熟的地方。基本上，模拟交易的存在让广大投资者获得了一个验证思维、熟悉操作的无风险平台，实际操作下来也不至于是纸上谈兵。

当然，模拟交易并不能完全替代真实交易。有些人会出现这种情况，在模拟交易中成绩非常突出，但一到真实交易时就亏损了。其中一个重要原因是模拟者知道这是假的，模拟交易时，无论盈亏，心态比较稳。而正式交易时，稍有盈亏，一想到这是真金实银，就无法保持以往的心态了。是否具有平稳的心态，某种程度上可以说是期货交易中能否获胜的重要因素。尽管如此，模拟交易还是可以加快学习速度的，这一点可以肯定。

（二）从小单量开始

新手交易，应该以小单量开始。期货行情瞬息万变，新手由于缺乏实战及应对各种情况的经验，一旦出现不利情况而不能及时处理，在单量较大的情况下，势必遭受重大损失，也会严重打击以后的交易信心。而小单量就不同了，即使处理不及时，资金损失也会在承受范围之内。另外，由于剩余资金充沛，还可以尝试实行一些补救措施，这样也有利于交易经验的积累。

（三）不做流动性低和太近交割月的合约

流动性低，意味着成交量小或成交稀少，在这种情况下，买卖挂单的价格一般会拉开了一段距离。比如，小麦期货在成交活跃时，买卖双方的价位咬得很紧，2423 元/吨有人要卖，2422 元/吨处有人要买。然而，在成交稀少时，很可能出现买价为 2350 元/吨，卖价为 2425 元/吨的挂单情况。这时候，你很难在自己预想的价格上成交。进出都不容易，意味着交易者必须承受额外的风险，故对新手来说，更不应该去碰这些合约。

对那些需要实物交割的期货合约，离交割时间太近的合约也不应该碰。离交割月近的合约，一是保证金通常收得较高；二是由于接近交割，随着投机者交易逐步减少，流动性也越来越低；三是在交割月份还可能会遭遇到被逼仓的风险，导致额外损失。

股指期货实行现金交割，与实行实物交割的期货合约有较大差别，因为现金交割不存在提高保证金的问题，因此，近交割月合约的交易量反而是最高的，交易者应该选择距离交割月较近的合约进行交易。

（四）市况不明朗不入市

市况不明朗可能由各种情况导致，比如说，近期缺乏新的刺激因素，买卖双方均采取观望态度，交投疏落，行情“牛皮”，不明朗；多空交战，势均力敌，买卖双方的较量处于相持阶段，呈现拉锯状态，反复涨落，也会呈现不明朗态势；一番暴涨或一轮大跌后，出现风雨过后的平静，行情盘整，大势不明朗；等待一项重大消息，未知结果是利多抑或利空，呈现激战前的沉寂，趋势也会不明朗。

期货交易的目的是为赚钱，赚钱要讲机会。市况不明朗，就是机会未到。如果在行情不明朗时也不肯歇手，很可能费神费力不挣钱，失去了投资意义。更为危险的是，由于一直混在市场中，离市场太近，正确判断大势的能力反而会降低，真的大行情来了，反而找不到方向了。“不识庐山真面目，只缘身在此山中”，很好地说明了这种现象。

（五）交易品种选择上不要贪多

有些新入市的交易者，刚进入期货市场时，看到屏幕上各个品种价格上下跳动，心情一下亢奋起来，这个品种想交易，那个品种也不愿意放弃；或者听其他人推荐另外的品种后觉得也不错，也进去参与一下，同时参与了很多品种的交易。

必须知道，期货交易与股票交易不一样，同时操作几十只股票并不难，但在期货交易上，即使有经验的交易者也很难同时进行三种以上不同类别的期货合约交易。这是因为不同类别的期货品种差异性很大，而期货交易的高风险特征需要交易者时时刻刻地关注，一有问题就需要及时处理。人的精力是有限的，关注过多的品种，难免顾此失彼，最终得不偿失。

建仓时机的选择

投机交易有不同的风格，不同的风格有不同的建仓理由。除了那些短线交易者和超短线交易者外，持仓时间较长的交易者入市建仓的理由不外乎来自基本面分析和技术面分析两种。

使用基本面分析和技术面分析工具，目的都是预测。预测价格有较大上涨空间则买进期货合约；预测价格有较大下跌空间则卖出期货合约。如果预测价格涨跌空间不大，则通常不会进行交易。当然，对从事短线交易的交易者而言可能是例外。

由于期货价格变化很快，入市时机的决定非常重要。即使对市场发展趋势的分析正确无误，但入市时间早了，在趋势尚未出现时已经买卖合约，仍有可能蒙受震荡行情中的损失。因此，一些经验丰富的交易者喜欢借助技术分析方法，在市场趋势已经明确上涨时才买入期货合约，在市场趋势已经明确下跌时才卖出期货合约。如果趋势不明朗，或不能判定市场发展趋势就不要匆忙建仓。

投机交易常见的建仓策略

（一）平均买低和平均卖高策略

如果初始建仓后市场行情与预料的情况相反，有的交易者喜欢采用平均买低或平均卖高的策略。平均买低是指初始建仓买入合约后价格有所下降，这时要进一步买入合约，以求降低平均买入价，一旦价格反弹可在较高价格上卖出止亏盈利。平均卖高是指初始建仓卖出合约后价格有所上升，这时要进一步卖出合约，以提高平均卖出价格，一旦价格回落，可以在较低价格上买入止亏盈利，这就是平均卖高。

投机者在采取平均买低或平均卖高的策略时，必须以对市场大势的看法不变为前提。在预计价格将上升时，价格可以下跌，但最终仍会上升。在预测价格即将下跌时，价格可以上升，但必须是短期的，最终仍要下跌；否则这种做法只会增加损失。

（二）金字塔式交易策略

如果建仓后市场行情与预料相同并已经使投机者获利，可以增加持仓。增仓应遵循以下两个原则：

一是只有在现有持仓已经盈利的情况下，才能增仓。

二是持仓的增加应渐次递减。

【例】某投机者预测 5 月份大豆期货合约价格将上升，故买入 5 手（10 吨/手）合约，成交价格为 3015 元/吨，此后合约价格迅速上升到 3025 元/吨，首次买入的 5 手合约已经为他带来虚盈 10 × 5 × （3025 - 3015） = 500 元。为了进一步利用该价位的有利变动，该投机者再次买入 4 手 5 月份合约，持仓总数增加到 9 手，9 手合约的平均买入价为（3015 × 50 + 3025 × 40）/90 = 3019. 4 元/吨。当市场价格再次上升到 3030 元/吨时，该投机者又买入 3 手合约，持仓总计 12 手，所持仓的平均价格为 3022 元/吨。当市价上升到 3040 元/吨再买入 2 手，所持有合约总数为 14 手，平均买入价为 3024. 6 元/吨。当市价上升到 3050 元/吨再买入 1 手，所持有合约总数为 15 手，平均买入价为 3026. 3 元/吨，如图 6 - 1 所示。

价格（元/吨）	持仓数（手）	平均价（元/吨）
3050	1	3026.3
3040	1 1	3024.6
3030	1 1 1	3022
3025	1 1 1 1	3019.4
3015	1 1 1 1 1	3015

图 6 - 1 金字塔式建仓交易策略示意图

这是金字塔式的持仓方式和建仓策略。上例中，采取金字塔式买入合约时持仓的平均价虽然有所上升，但升幅远小于合约市场价格的升幅，市场价格回落时，持仓不至于受到严重威胁，投机者有充足的时间卖出合约并取得相当的利润。例如，如果市场价格上升到 3050 元/吨后开始回落，跌到 3035 元/吨，该价格仍然高于平均价 3026.3 元/吨，此时立即卖出 15 手合约仍可获利，即（3035 - 3026.3）×15×10 = 1305 元。

金字塔式卖出的做法可以参照这个做法。

（三）菱形建仓交易策略

有的交易者喜欢采用菱形建仓交易策略。该建仓策略实际上是金字塔式建仓策略的变形。它是指最初建仓时买卖少量合约，如果市况有利，分次买入或卖出同种合约，每次买入或卖出的合约份数均大于前次买卖的数量。在所持有的持仓达到一定数量后，分次逐步递减买卖合约。持仓的增加情况如图 6-2 所示。

最后一次买/卖 → 1

1 1

1 1 1

1 1 1 1

1 1 1

1 1

建仓 → 1

图 6-2 菱形建仓交易策略示意图

菱形建仓交易策略在一开始实际上是倒金字塔式建仓，其缺陷在于一旦建仓过程中价格回落，利润回吐会非常快，但优点是一开始进行下单量试探，即使错了，损失也不大。另外，如果价格上升至金字塔的上方，安全性会越来越大。

建立顺势而为的理念

期货市场中，交易者大亏大赢的情况通常都发生在大行情中。在通常的牛皮震荡市场中，只要交易者不是孤注一掷式的交易，一般盈亏不会太大。因而，对交易者来说，更应该关注和留心的是行情大势面前的做法。

交易者最容易犯的错误是根据本身的主观愿望买卖，明明行情气势如虹，一浪更比一浪高地上涨，却猜想价格已运行至顶部，强行抛空；眼看走势卖压如山，一级比一级下滑，却以为马上要反弹了，贸然买入。如果再加上没有止损观念，结果当然就惨了。

希望如何与实际如何是两回事。“希望”在人生的其他领域无疑是成功的动力，而对于期货交易者来说，却是制胜的阻力。俗话说：“识时务者为俊杰。”顺着大势涨跌去买或卖，就是站在强者一边，胜算自然较高。相反，以一己“希望”与大势背道而驰，等于同强者做对，螳臂当车，焉有不被压扁之理！

记住，大势是你的朋友，顺势而为，你便抓住了盈利的机会。

世上没有只升不跌或只跌不升的市。当大势已经势尽力竭，面临转势时，就需要随机应变，认赔转向，顺应新的大势。否则，原来的顺势就变成了逆势。

重势不重价与重价不重势

一些交易者在期货买卖操作中，过于计较价位，买入时非要降低几个价位不可，卖出时总想卖高几个价位才称心。这种做法往往会因小失大，错失良机。

期价的高低是相对的，现在看来是便宜的，若下一步走势下跌，回头看其实是昂贵的；若下一步走势是上涨的，即使当初高了几个价位，回头看也是极便宜的。期货的成败盈亏不在于现在，而取决于将来。现在的价格仅是出发点，将来的趋势才是起决定作用的。

对“重势不重价”的交易者来说，一旦看到趋势的苗头，不会去计较几个价位。而“重价不重势”的交易者则恰恰相反，眼中只有这几个价位，“趋势”在他脑中连个影子都没有。

太计较价位的危险还在于容易导致在逆势中渐行渐远。因为在涨势中，若非要等较低的价格出现才买，则只有走势回跌时才有机会，而这一回跌，如果是转势，那买到的便宜货就成了坏事。同样，在跌势中，硬要坚持高价出现才卖出，那么只有等走势回升时才有机会，而这一回升，如果是转市，卖到高价也将亏钱。

不过于计较价位并不等于鼓励盲目追市。盲目追市是指在强烈涨跌势中担心买卖不到而以市价追涨杀跌，结果往往买在离谱的高位或卖在离谱的低位，行情稍有震荡，很容易被惊吓而割肉平仓。注意：不要太计较价位是指涨势或跌势刚确认时不在乎个别价位的得失，两者是不同的概念，不能混淆。

为什么说平仓难于建仓

交易者在建仓之后自然面临平仓的问题。最初，平仓与建仓并没有多少差别，无非是选择时机做一个反方向交易而已。但从许许多多交易者的实践经验看，平仓决策的难度远高于建仓时的决策。难怪有人总结道：“会开仓只是徒弟，会平仓才是师傅。”

交易者在开仓决策时，由于没有持仓，并不涉及输赢，因此也没有心理压力。在这种情况下，对行情的判断分析保持一定的客观性相对容易。然而，一旦拥有持仓时，在行情的客观性判断上就会大打折扣，这是因为行情的变动会使持仓的盈亏处于不断地变化中，盈亏数量的变动会给交易者的心理造成很大的冲击，将交易者的一些不良情绪调动出来。比如，在持仓有盈利时，尽管分析判断价格还会持续，但因为担心行情反转使盈利回吐，就赶紧平仓；或者，尽管分析判断价格将反转，但出于获得更多盈利的贪婪心理，一再观望，迟迟不肯平仓。相反，在持仓面临亏损时，尽管分析判断价格将使亏损加大，但不服输的心理导致不愿止损，或者是尽管分析判断价格只是暂时小幅波动，但因为恐惧而赶紧止损。

上述的种种表现中，交易者在平仓时对行情进行了分析判断，尽管这种分析判断不可能都是准确的，但多少表明了交易者在一定程度上的客观性思维。在恐惧、贪婪情绪的影响下，这种客观性思维会受到压制，交易者的情绪越不稳，对行情判断的客观性就越少。时间一长，交易者自己会发现，情绪性平仓决策方式的结果将是赚小钱亏大钱，最终导致亏多赚少。

平仓中的止盈价与止损价

平仓的结果无非是赚钱或亏钱，赚钱的平仓价位被称为止盈价位，亏钱的平仓价位被称为止损价位。

止盈价或止损价怎么确定是个难题。这里只能提一些原则性的思路供读者思考。

止盈价或止损价的确定应该在建仓时就有所设定，尽管这种设定不一定是最终的，可以在后续行情变化中进行调整，但建仓时是否对止盈价或止损价有所规划是交易者是否成熟的重要标志。

对持仓时间较长的趋势交易者而言，最重要的原则是掌握限制损失、滚动利润的原则。

这一原则要求交易者在出现损失，并且损失已经达到事先确定数额时，就立即对冲了结，认输离场。过分的赌博心理只会造成更大损失。在行情变动有利时，不必急于平仓获利，而应尽量延长持仓的时间，充分获取市场有利变动时产生的利润。投资经验再丰富的交易者也不可能每次投资都会获利。损失出现并不可怕，怕的是不能及时止损，酿成大祸。

止损指令是实现限制损失、滚动利润原则的有力工具。只要运用止损单得当，可以为投机者提供保护。止损价设置不合理，不仅起不到应有的作用，还会带来不必要的困扰。比如，将止损价格设置得离当时的价格很近，结果价格稍有波动就亏损平仓出局。又如，将止损价格设置得离市价很远，起不到应有的保护作用，一旦成交，也意味着已经遭受了较大损失。

尽管止损或止盈的依据因人而异，但其思路通常有两种：一种是根据你愿意承受风险的大小来确定；另一种是按照对大势的判断而定。

从头寸的建仓价位出发，按照最大愿意承受多少亏损确定止损价位，这是常见的做法。比如，小麦空头建仓价位为2180元/吨，有人将止损价设在2200元/吨处，有人将止损价设在2210元/吨处。说明前者愿意承受20元/吨的风险，而后者则为30元/吨。止盈价位的设置与止损价位的设置差不多，差别是交易者愿意承受多大的浮动利润损失。

按大势判断而定止损或止盈价位的交易者更重视行情的大方向，他们关注的是市场是否转势，而判断的依据通常是按照技术分析的方法。比如，将止损或止盈价位设在重要的阻力位或支撑位上，一旦这些价位被有效突破，交易者就应该毫不犹豫地止损或止盈。

锁仓有害无益

锁仓有两种，即盈利锁仓与亏损锁仓。盈利锁仓是买卖后有一定幅度的浮动盈利，不平仓的同时反向开立新仓。亏损锁仓是买卖之后有了浮动亏损，不想把浮动亏损变成实际亏损，便在继续持有原来亏损头寸的同时反向开立新仓，企图锁定风险。

无数交易者的实践证明，锁仓实际上是一种愚蠢的交易方式，亏损锁仓更是如此。交易者易犯的一个通病，就是不敢面对亏损的现实。锁仓就是这种心态的流露。

锁仓的弊端在于，占用了双倍保证金，降低了资金的使用效率，增加了投资成本；还有一个弊端就是“易结不易解”。锁仓虽然暂时没有将浮动亏损转化为实际亏损，但实际上资金已经划走。更为重要的是，锁仓严重影响交易心态。由于双向持仓，在解仓时会有一定的心理负担，难免瞻前顾后，无所适从。有时即便咬咬牙解了仓，但由于担心另一方向的持仓亏损增大，稍有风吹草动，便重新锁仓，从而陷入锁仓的恶性循环之中。最后在绝望之时不得不同时平仓，将浮动亏损化成实际亏损。

锁仓是一种害人不浅的交易习惯，要想在期货市场取得成功，必须从心理上和行动上彻底摒弃锁仓。一旦操作失误，就该及时止损，另觅机会。

正确的交易理念和尊重市场非常重要

一般而言，交易者也会对自己过往的交易情况进行总结或反思，特别是出现重大亏损之后。然而，由于思考方式的不科学，不少总结往往是错误的。比如，将交易失败的原因归结为运气不佳或客观因素。我们经常能听见下列的说法：“这次方向赌反了，亏了不少”；“这次运气不好，所以亏了一大笔”；“这波行情没抓到，当初我是看准了方向，并且已经挂出了单子，很可惜，因为价位差了一点没成交”；“这么大的行情，当初的成交单要是放到现在平仓就发财了，可惜听了某某的话，平仓太早了，只是赚了几个小虾米”。

更有甚者，直接指责市场走势不合理。换言之，不是自己判断错了，而是市场走势错了。比如，美国公布上月外贸赤字比前月增大，对美元来说是利空，结果美元不跌反升，利空消息下价格不跌反涨，似乎有些反常。但是，我们应该明白，在亏损发生之后仍坚持己见，认定市场走势不合理，并且死死抱着原来的头寸不放，最后吃亏的永远是自己。这只能用你自己的吃亏，来验证“市场是强大的”这一道理，与市场作对的交易者是不会有好结局的。固执甚至是偏执的人喜欢认死理，而认死理恰恰是期货交易中的大忌。

从心理角度分析，上述的这些总结实际上是这一类交易者在为自己寻找失败后的安抚剂。不深挖导致失败的自身原因，即使失败次数再多，也不可能形成正确的交易理念，因而，这样的交易者在日后的获利能力仍旧无法得到提高。

价格涨跌归根结底是买卖双方力量的较量。买比卖多就涨，卖比买多就跌。为什么利空因素下还会出现买比卖多？这也不难理解。其一，期价是受多种因素影响的，具体到某一个交易者，他不一定能够正确评估各个因素影响力的大小。其二，一个新消息出来，尽管有着明显的利多或利空性质，但是它能够发挥多大作用还得结合价格的历史情况来看，比如，利空消息出来之前，如果价格已经下跌过了，那消息出台后价格不跌反涨不是很正常吗。所谓“利空出尽是利多”就是这种情形的写照。其三，市场是由各种各样的交易者组成的，你能够知道自己和周边人的想法，但无法了解所有交易者的想法，而自己和周边人的想法不一定符合市场主流的想法。

大家都说“失败乃成功之母”，将失败转化为经验与财富，需要科学严谨的总结。期货交易中，行情是客观的，但为什么不仅没挣钱反而出现巨亏？其中肯定有自身的原因，说明自己在交易理念上出现了较大的偏差。只有在总结中将其上升至交易理念的高度，才有可能将过去的失败转化为经验，转化为今后的财富。

记住：市场总是对的，交易者必须学会尊重市场，努力适应市场。

期货交易三大恶习之一——满仓操作

满仓操作指的是一次将所有可投入资金全部投入。满仓操作的危害性是很显而易见的。只要行情与建仓方向稍有不同，满仓操作就会带来较大的损失，而且由于这种损失是即刻发生的，直接侵蚀有效保证金，必将迫使交易者全部平仓或部分平仓。即使后来的行情朝着有利方向发展了，前面的亏损也已经注定发生了。例如，螺纹钢期货在3650元/吨时，某投机者认为后市必涨，遂将所有的50万元资金满仓买进135张合约（假定保证金为10%），买进后，价格下跌至3420元/吨。这意味着该客户已经损失了（3650－3420）×135×10＝310500元，剩余保证金189500元，这些保证金至多只能维持55张合约，其他持仓都已经被强平了。接下来，行情的确上涨了，又回到3650元/吨时，其权益也只有189500＋（3650－3420）×55×10＝316000元。上涨到3900元/吨时，也只有189500＋（3900－3420）×55×10＝453500元，还亏损46500元。算上手续费的话，那亏损就更大了。

如果当初在3650元/吨时那位客户以半仓买入67张合约，所需保证金为244550元，螺纹钢期货价格下跌到3420元/吨时，损失为（3650－3420）×67×10＝154100元，保证金仍旧是充足的，当行情回到3650元/吨时，就已打平；当行情上涨至3900元/吨时，已经获利（3900－3650）×67×10＝167500元。

两个结果之所以大相径庭，就是因为前者在建仓时是满仓而后者是半仓，半仓运行给自己留下了适当的余地。

满仓运行是投机者的大忌，这一点与军事指挥家忌讳将全部兵力一次性投入的道理是相同的。高明的军事指挥家在进行作战部署时，总会留下一部分机动兵力或预备队，不到万不得已之时，预备队是不会上阵的。应该看到，一般理解这个道理并不难，难的是投机者在行情判断上过于自信时，经不起获大利的诱惑，不由自主地放松了对风险的警惕，最后使自己陷入被动局面。

武汉女期民的财富“过山车”

2008 年 3 月 4 日，《楚天金报》推出了《江城一女士演绎资本神话》的报道：

半年时间从 4 万元到 1450 万元！资本市场一个神话在江城上演。随着昨日豆油期货 5 月和 9 月合约齐奔涨停，武昌女“期民”万群（化名）账面保证金超过 1450 万元人民币，仅昨日一天就赚了 500 多万元。

据称，万群是在 2005 年 7 月拿 6 万元涉足期货的，此前有 10 年的炒股经历，但步入期市后的两年时间，她的保证金从 6 万元缩水至 4 万元。

转折点发生在 2007 年 8 月下旬，万群开始重仓介入豆油期货合约。去年 9 月到 11 月，豆油 0805 合约从 7800 元/吨附近一路上涨至 9700 元/吨，其间她不停地采取浮盈加仓策略。截至 11 月中旬，万群已有 10 倍的获利。其后，万群的财富多次呈几何级增长。

但就在见报的当天，豆油 0805 合约、0809 合约双双从涨停板价位下调至近跌停板价位。

3 月 5 日，豆油 0805 合约、0809 合约双双跌停板。

图 6－3 是大连商品交易所豆油 0809 合约日 K 线图（3 月 6 日），豆油 0805、0809 两合约宽幅震荡，最低又到跌停板，但收盘时价格略有回升。由于万群一直是满仓运行，账户保证金严重不足，除了被期货公司强行平仓了一部分外，自己也平掉了一些。据说，截至收盘时，保证金已只剩 400 多万元了，但相对于其剩余的持仓，仍旧是重仓。

如果当日万群能全部平仓，她至少能够顺利出局，保住这 400 多万元的果实。但由于万群坚信豆油此次调整与前两次一样，只是暂时现象，故她依旧留下了重仓。据说，2007 年 11 月 20 日和 2008 年 1 月中下旬的两次调整中，万群均有部分仓位被强行平掉过，但正因为继续坚持做多，财富才迅速增加。

图6－3 大连商品交易所豆油0809合约日K线图

3月7日和10日两天，豆油无量跌停，万群就是想平仓也平不了了。由于仓位过重，其巨大的账面盈利瞬间化为乌有。3月11日上午，0805合约、0809合约大幅低开，但盘中双双翻红，收盘分别下跌0.83%和0.36%。但是由于万群没有能力追加保证金，其所持有的最后300手合约被强行平仓，最终，她账户的保证金只剩下不到5万元。

期货配资，险上加险

从前面的例子可见，满仓操作属于豪赌行为。如此交易，可能会有一次两次的侥幸成功，但从概率上说，长期以此方法交易，注定是会破产的。满仓操作的实质是将期货的保证金杠杆作用放至极大值，杠杆是一把“双刃剑”，在顺利时可以大把获利，在不顺时只能大把亏损。

最近几年，互联网上出现了不少打着“期货配资”招牌来招揽业务的广告。尽管在2011年7月5日中国证监会发出了《关于防范期货配资业务风险的通知》，但打着“投资管理有限公司”“投资咨询有限公司”旗号的期货配资公司却依旧我行我素，十分活跃。

中国证监会该通知对“期货配资”作了如下描述：

配资公司经工商管理部门核定登记的范围多为投资咨询、投资管理或管理咨询等，未取得任何金融业务许可牌照，不能超越经营范围从事资金借贷业务。配置资金可进入不同投资领域，其中包括期货市场。配资业务进入期货市场时，多以配资公司控制的个人名义在期货公司开立期货交易账户，并将账户提供给客户使用，客户存入自有资金，配资公司以此为基数，向客户进行配资。配资公司在交易过程中对客户交易账户实施风险控制，亏损达到一定比例时对其进行平仓或要求其追加保证金，以保证配资公司自身资金不受损失，同时收取高额资金使用费。

由于在配资业务中客户资金被配资公司控制，其安全性难以得到保障；且配资放大了杠杆比例，加大了客户财务风险。同时，配置资金进入期货市场，可能扰乱期货市场秩序，存在风险隐患。

配资公司实际上是进行资金借贷业务，他们为了控制自身的风险，在配资交易中会对交易者实施种种控制手段。比如，以配资公司控制的个人名义在期货公司开立期货交易账户，绝对禁止交易者更改密码，还有苛刻的风控措施，例如不能持仓过夜，甚至不能持仓过午，亏损达到一定比例就强行平仓。但他们自身的信用风险却是没人担保的。

配资公司给出的配资比例普遍为1:10，部分配资公司甚至给出1:20的配资比例。如果以自有资金进行满仓交易就有7~15倍的杠杆，若再以1:10的比例进行配资，那么杠杆实际就放大至70~150倍。即使不考虑配资者可能遭受的信用风险，仅从交易角度看，在这样的高杠杆下，交易心态也将被彻底扭曲。在不准过夜的规定下，只能进行超短线交易，而每一次交易都是高杠杆赌博，一次操盘失误，交易者就要承担放大70~150倍的损失，一旦触及配资公司的风控线，投资者账户就会被强制清盘。从概率角度看，这种交易行为的结果一定是失败的，最终不但将本金赔完，还白白给配资公司做了一阵子“打工仔”。

一位对配资交易比较熟悉的操盘手曾对记者表示：据他了解，做配资的投资人中，90%的人亏损，5%的人持平，仅5%的人盈利。尽管数字无从核实，但从配资交易的性质看，这种描述应该是比较接近真实情况的。

期货配资活动的危害和风险是如此明显，任何一个理性投资者都应该远离配资业务。

期货交易三大恶习之二——亏而拖

自有期货交易以来，没有任何一个堪称专家的投资者能够百战百胜，没有任何一种分析工具次次灵验！只要是人，在交易中出现考虑不周或失算是难免的。问题在于出错后怎么对待。聪明与愚蠢的区别就在于聪明人在出错后会主动断臂，不致酿成大祸；而愚蠢的人则会被拖死。

失败者的交易记录中，未必都是次次亏损。事实上，你可以发现，有些失败交易者的盈利次数甚至超过亏损次数，之所以最终亏损出场，必然有一次或数次（尽管次数不多）伤筋动骨的亏损。而这些巨亏通常都是拖出来的。一开始往往只是不起眼的小亏损，由于不及时处理，最终拖成无法忍受的巨亏。

“不怕错，只怕拖”，是期货投机中最重要的原则。

在期货实战中，人们很容易犯“亏而拖”的毛病。一般而言，人们对及时止损都会产生一定的心理障碍。其原因是，人们都厌恶失败，很容易寄希望于拖一阵子后行情会反转，得到一个不败的结果甚至是反败为胜的结局；另一个原因是怕认赔后行情马上反过来，如果真的是这样，那就是二次打击了，会给人造成更大的挫折感。事实上，止损过后行情反过来的情况的确也经常发生。

克服心理障碍必须依赖理性分析。即使在十次止损中有七次被证明是错了，止损也是值得的，因为它避免了三次致命的亏损——这就是所谓的“止损永远是对的”。

要真正克服“亏而拖”的坏习惯，最重要的就是养成第一时间下止损单的好习惯。第一时间下止损单的好处是：即使行情出现不利于你的突变情况，你已在第一时间止损了，不至于措手不及。如果是面对已成事实的巨大差价，再作止损决策就更难了。

期货交易三大恶习之三——输得起赢不起

如果说“亏而拖”是“输得起”的表现，那么“赢小钱就跑”就是“赢不起”的表现。所谓“输得起”并不是褒义，这是指投机者在交易时，一旦单子被套，不甘心割肉出场，死拖下去，一心企盼行情回转。尽管这种方式有时的确也能凑巧把风险扛回来，但一旦行情没有回转，往往会造成巨大的亏损。这种情况只要出现一两次就足以对投机者造成重大打击。所谓“赢不起”，是指投机者在持仓已经获利的时候，心中忐忑不安，老是计算着已获利多少，生怕一旦行情反过来后到手的利润就泡汤了，最终以获小利出场。由于在某些情况下这种做法的确是对了，更强化了获小利即出场的心态。但问题是一旦后面有更大的利润，他总是无法获得，这样的情况也很常见。

价格涨跌，乃寻常之事，在期货上投机，实际上是在博后市价格是涨还是跌。然而，谁也无法保证博的方向就是正确的。博错方向的事不仅经常会发生，而且也是不可避免的。但两个投机者在多次交易后，即使博错博对的概率相同，也很可能会出现一个巨大亏损，另一个赚得盆满钵满的情况。若仔细追究，可以发现巨亏的投机者往往是博对时赢了小钱，博错时亏了大钱。相反，最终赚钱的投机者，往往是博错时亏小钱，博对时赢大钱。显然，最终的输赢不在于每次交易一定要博对方向，更在于博错时的损失尽可能小，博对时的获利尽可能大。十次博弈，七次错误，三次对路，出错时每次平均输 1 万元，博对时每次平均赢 5 万元，最终结果仍是赚 8 万元；反之，若十次博弈，七次对路，三次错误，博对时每次平均赢

1 万元，出错时每次平均亏 5 万元，最终结果仍是亏损了 8 万元。

交易计划很有必要

进行期货买卖，克服交易的随意性和盲目性尤为重要。如果在交易之前，能够制订一份详细的交易计划是很有好处的。

在期货交易者中，绝大多数在入市前都没有交易计划。有的凭经验临时决断，有的凭直觉入市，还有的依据传闻入市，甚至有人连自己都不知道为何入市，只是跟着周围的人一起入了市。

当然，制订交易计划者不一定盈利，没有交易计划的交易者也不一定亏钱。比如，一些短线或超短线交易者，凭借着丰富的看盘经验和交易经验，在市场中赚取了不少钱，但要他们事先制订详细的交易计划是不现实的。

制订交易计划的好处是：迫使交易者在入市之前对行情的过去、现在作一个完整的了解，并评估未来行情变化的可能性，确定是否值得入市，入市应该是什么方向，从而避免盲目入市；迫使交易者考虑入市的头寸大小及占用资金比例问题，从而避免承受过大的风险；迫使交易者考虑应对未来行情的各种可能性的措施，从而避免日后出现束手无措的情况。应该说，这些好处，对于交易者提高理性投资意识，提高交易水平都能起到促进作用。因而，对于期货市场的新手，更应该提倡。

交易计划有哪些内容

完整的交易计划应该包括五个方面：

（一）市况研判

市况研判不仅需要对历史情况有个清晰的理解，也需要对目前影响市况的各种因素进行系统客观的评估。系统性要求不能忽略重大因素，而客观性则要求分析时不带主观倾向，比如，分析利多因素时不忽略利空消息的潜在作用，列出看跌信号时也要考虑到那些支持上涨的理由。

（二）确定是否值得入市，以什么策略入市

如果对后市的判断不明，或认为入市后获利的机会不大，则很可能得出暂不入市、静观其变的决定。如果认为后市有机会甚至有较大的机会，则考虑入市。比如，认为后市可能在一定区域内震荡，则考虑小单量做做短差交易；认为后市有较大的单边市，则采取单边入市策略。

（三）入市头寸的数量与资金管理

确定入市数量的多少及建仓步骤，而数量的多少与你的资金数量及冒险风格有关，专家们给出的建议通常是不能超过资金量的三分之一。建仓步骤可以是一次建仓，也可以是分步建仓。在分步建仓的情况下，还应该进一步制订在什么情况下进行第二次、第三次建仓的计划。

（四）平仓计划

建仓以后，行情的走势可能出现哪些情况，在对应的各种情况下，应该怎么进行平仓？比如，出现不利局面时，如何止损，止损点设在何处？出现有利局面时，怎么平仓，怎么设置止盈点，等等。这都需要事先研判，制订计划并强迫自己严格执行。

（五）评估计划的合理性

评估计划的获胜可能性有多大，针对各种可能出现的情况及应对措施可以计算出正常情况下的利润有多少，最理想情况下可以赚多少，最恶劣情况下会亏多少。只有当预期利润大大超过预期亏损时，计划才是值得执行的。

交易计划，贵在坚持

交易计划制订之后，应该贯彻执行。除非在执行之前，市场已有重大的突发性因素出现，否则不应轻易改变计划。

制订一个合理的计划不容易，坚持执行也不容易。有的交易者，纸上谈兵很成功，带着一份事后看来也非常好的计划书上阵，但一见盘中出现涨跌（尽管这种涨跌在计划书中已经预计到了）就会方寸大乱。随即陷入盘面之中，追涨杀跌，不仅改变了初衷，把以往的计划全部抛诸脑后，交易策略也因此变为“脚踩西瓜皮，滑到哪里算哪里”。止损忘了，止盈也没有了。回头一看，还是亏多赢少，心态大坏。还有的交易者，一开始计划做短线交易，但在交易中，又不遵守短线交易的纪律，一有盈利就平仓，而将亏损单继续留下，时间一长，短线便成了长线，而且又犯了长线交易中的大忌，能不亏钱吗？

按原先计划行事，盈亏都应付自如，即使亏损也属意料之中，心理上较容易接受。但发生如上所述“脚踩西瓜皮，滑到哪里算哪里”的情况，导致交易者在遭受挫折后即在心态上产生不平衡，情绪也不稳定，在这种情况下，更容易一错再错，最后弄到不可收拾的地步。

临时改变主意，这是优柔寡断、缺乏自信的表现。期货多空交战，某种意义上也是心理战。买卖过程中，只要不出现超出原定计划范围内的情况，就应坚定不移地按计划办事。

有效的资金管理

期市有风险，交易中有盈亏乃兵家常事。要想成为一位成功的期货交易者，在初期阶段学会生存比赚钱更重要，而生存之道的关键在于掌握有效的资金管理方法。

优秀的期货高手都有这样的体会，一年之中，他们做错的交易要比做对的交易多，那么，他们怎么还能赚到钱呢？答案是——有效的资金管理。

资金管理是指资金的配置问题，包括投资组合的设计，多样化的安排，在各个市场上应分配多少资金去投资，止损点的设计，报偿与风险比的权衡，在经历了成功阶段或挫折阶段之后采取何种措施，以及选择保守稳健的交易方式还是积极大胆的交易风格等方面。资金账户的大小、投资组合的搭配以及在每笔交易中的金额配置等，都能影响最终的交易成绩。

下面是一些期货专家提出的几条一般性的资金管理要领：

一是投资额必须限制在全部资本的50%以内。也就是说，在任何时候，交易者投入市场的资金都不应该超过其总资本的一半。剩下的一半是储备，用来保证在交易不顺手的时候或临时支用时有备无患。比如说，如果账户的总金额是100000元，那么其中只有50000元可以动用，投入交易中。

二是在任何单个的市场上所投入的总资金必须限制在总资本的10%到15%以内。因此，对于一个100000元的账户来说，在任何单独的市场上，最多只能投入10000元到15000元作为保证金存款。这一措施可以防止交易者在一个市场上注入过多的本金，从而避免在“一棵树上吊死”的危险。

三是在任何单个市场上的最大总亏损金额必须限制在总资本的5%以内。这个5%是指交易者在交易失败的情况下所承受的最大亏损。在决定应该做多少张合约的交易，以及应该把止损指令设置在多远以外时，这是交易者重要的出发点。因此，对于100000元的账户来说，可以在单个市场上冒险的资金不超过5000元。

四是在任何一个市场群类上所投入的保证金总额必须限制在总资本的20%~25%以内。这条是为了防止交易者在某一类市场中投入过多的本金。同一群类的市场，往往步调一致。例如，金市和银市是贵金属市场群类中的两个成员，它们通常处于一致的趋势下。如果我们把全部资金头寸注入同一群类的各个市场，就违背了多样化的风险分散原则。因此，我们应当控制投入同一商品群类的资金总额。

控制情绪和学会休息

在期货市场，每天都可能发生一些刺激的事情。面对那些突如其来的变化，必须学会控制自己的情绪，保持冷静，心平气和地处理。否则，迟早会被淘汰出局。

事实上，期货投资充满了刺激性，受得起刺激才能参与。有些人控制不了自己的情绪，做了多头，大势往上跳一跳，脸上立刻笑一笑；价位往下走一走，眉头马上皱一皱。赚到一段价位，欢天喜地；出现若干浮动损失，寝食难安。当一个人的情绪起伏完全被行情涨跌所牵扯，他还能够清醒客观、指挥若定吗?

交易者要控制自己的情绪，一是亏得起多少做多少，不要赌身家，这样心理负担较轻。二是事先做好一套看对何时平仓获利、看错何时止损认赔的计划，盈亏都在意料之中，心理承受能力增强了，情绪自然稳定。

交易者的交易太不顺手，特别是大亏一场，不仅表明了其行情判断、交易理念及交易策略都存在较大的问题，而且往往在这种时候，交易者的心态和情绪都会很差。继续交易，极有可能会越亏越多，最终弄到不可收拾的地步。因此，在这种情况下，应主动暂时退出市场进行一定程度的休息和调整是非常必要的。

交易太顺手，或者大赢一把之后，也需要休息。这是一些顶级专家的意见。这些专家指出，在大赢一把后继续交易的交易者中，接下来发生亏损甚至是大亏的比例极高，这几乎已经成为一种普遍现象。为什么会出现这种现象？通常的解释是：交易者在大赢之后极易产生骄傲及轻敌思想，正确判断行情的能力也会降低，结果，在后续交易中下单不谨慎了，止损和止盈的做法也丢了，直至发生亏损。在这样的情况下，往往是直到发生大亏才能醒悟过来。

休息的好处：一是可以使自己从狂热的情绪中解脱出来，使绷紧的弦松弛一下；二是可以有时间总结经验教训或通过学习来补充一些新知识；三是可以凭借“无货一身轻”的姿态观察市场，研究下一步的买卖方针。这样的观察可以说更客观，也更有利于制订出高质量的交易计划。

第七章

基本面分析

期货交易中的盈亏这么大，人们不免会想，如果可以提前知道期价涨跌就太好了！那么，期货价格究竟能不能预测呢？对此，有人作出了否定的回答，认为期货价格根本不可能预测，然而也有人认为期货价格有迹可循。在交易实践中，各种各样的预测方法出现而且流行起来。这些方法，从大类上分为两种，那就是基本面分析和技术面分析。下面，对基本面分析进行介绍。

价格涨跌，谁主沉浮

市场上，商品的价格忽涨忽跌。有些商品，涨起来时居然在短时期内可以翻一番甚至更多，而跌起来也不得了，杀半价的情况也会出现。是什么原因导致价格出现如此波动呢？经济学家告诉我们，决定价格涨跌的根本原因是供求关系。

当商品供大于求时，商品的价格就会下跌。供大于求时，肯定有一定比例的商品卖不出去，对此不少人都会想到降价促销这一办法。而只要有人带头降价，在竞争的压力下，其他供应商就不得不随之而动，甚至掀起一股竞跌之风。

当商品供不应求时，商品的价格就会上涨。其道理也不难明白。供不应求时，一些为了先得到这种商品的需求者会宁愿出高一些的价格，这样，在需求者的竞价压力下，价格就会逐渐上涨。

通常，人们总是希望价格稳定，认为价格波动不是好事情。其实，价格波动也并非全无好处。按经济学的原理来说，正是因为价格有涨有跌，才使商品的供求之间不会出现长时间的缺口。正常的价格涨跌可以起到调节供需、弥补缺口的作用。

比如，供大于求时，降价会增加需求量和促使供应者减少供应量。显然，这些都是有利于扭转供大于求局面的。为什么降价会增加需求量呢？一是因为降价后，使用者会觉得便宜从而增加使用量；二是因为大多数商品之间有一定的替代关系，例如，豆粕和玉米都是重要的饲料来源，饲养业在使用时会比较它们的价格，如果豆粕价格大跌，饲养业会觉得多用豆粕少用玉米更经济，这就是替代效应。为什么降价又会起到减少供应量的作用呢？那是因为在降价之前，该商品的生产商因为有利可图而愿意多多生产。而降价后由于利润降低，甚至亏损，生产的积极性自然就降低了。当一部分生产者减产或停产后，总的供应量就减少了。

同样，当供不应求时，涨价也会产生减少需求和增加供应的双重结果，其最终效应也是缓解供不应求的局面。

价格何以涨了又跌，跌了又涨

年龄大一些的人都会有如此经历：一些商品的价格经常会涨了又跌，跌了又涨，呈现出一种周期性的状况。这说明了什么？说明市场供需这对矛盾是动态的，是始终存在的。

供大于求的局面形成后，价格会下跌，实际上，你也可以理解为下跌的价格发出了供大于求的信号。在价格下跌的过程中，供应量逐渐减少，需求量逐渐增加。一段时间后，市场可能已经达到某种程度的均衡，即供需相当。但由于市场的惯性作用，价格还会继续下跌，以致不知不觉中，市场可能已经转化为供不应求的局面了。这时候，人们会发现，价格不仅跌不下去，而且又开始回升了。价格回升，是供不应求的信号。一路高涨的价格，一方面会促使使用者尽可能节约使用，减少需求。另一方面由于生产商的利润越来越大，会促使他们扩大生产能力，增加供应量，同时，高额利润还会起到诱使其他眼红者加入该生产行业，使供应量进一步增长。然而，这些都需要时间，在增长的过程中，价格还会上涨，一直要等到供大于求的局面又形成后，才会迎来另一个循环。

尽管供需平衡是一种理想状况，但遗憾的是，即使暂时形成了这种格局，迟早也会被其他因素打破。这些“其他因素”有两个特点：一是多且复杂；二是在这些因素中，有些还是人类无法控制的，换言之，它要发挥影响，谁也奈何不了。

不妨举几个例子。

假设某种商品目前的价格是均衡价格，在这个价格下，供需双方不仅满意而且供需数量也差不多。但是，该商品的生产成本在科学技术进步的推动下，大大降低了。对生产商来说，暴利替代了原先的薄利。在这种情况下，生产商当然愿意扩大生产，提供更多的产品。于是，原先的供需平衡一下又变成供大于求的关系了。

又如，某一农产品的供需几年来一直处于均衡状态，价格几乎没有什么波动。但一场自然灾害，使该产品的产量大幅下降，供需平衡的局面还能维持下去吗？或者，该年恰恰是风调雨顺，总产量比往年高出许多，供需平衡的局面不是又被打破了吗？

库存是供求关系的重要表现

对一些重要商品，无论是生产、流通企业还是国家层面，都会有一定的库存量。其中，国家层面的库存表现为政府储备，政府储备不会因一般的价格变动而轻易投放市场，只有当市场供给出现严重短缺时，才有可能动用。但动用之后，还会在适当的时候补回来。

从一国的供求数量来看，期末库存与供求之间的关系式为：

期末库存 = 期初库存 + 当期产量 + 当期进口量 - 当期出口量 - 当期消费

其中，期初库存、当期产量、当期进口量这三项为当期可供应量；而当期出口量和当期消费为当期需求量。如果当期可供应量大于当期需求量，则期末库存势必增加；反之，期末库存势必减少。

如果进出口渠道通畅，当国内供不应求时可以通过进口来弥补，这时实际进口价会成为影响国内价格的重要因素；当国内供大于求时可以通过出口来宣泄，这时实际出口价也会成为影响国内价格的重要因素。

期末库存减少，意味着当期需求大于供给，但不能下结论说价格一定会涨，因为还得看这个期末库存是否正常。比如，农产品以一年为周期，如果以月度作为观察期，则在收获季节之后肯定逐月减少。又如，某品种积压太多，即使目前库存有所下降，但仍远高于正常库存，价格就难以上涨。

基本面分析都分析什么

从商品供求关系决定价格来看，人们自然会想到，如果能够搞清楚现有价格水平下，究竟是供大于求，还是供不应求，不就能够预测价格走向了吗？这个想法，理论上完全正确，但困难在于，未来时期内，需求量和供应量会有多少，自身就是不确定的。因为除了价格会影响它们外，还有其他各种因素会影响它们。比如，经济周期会影响它们，政府的经济政策、金融政策会影响它们，还有诸如国际市场行情因素、投机因素、季节因素等也会影响它们，再加上如果出现难以预料的自然因素、风云突变的政治因素等，那对它们的影响就更大了。

所谓基本面分析，就是分析供求状况及影响供求状况的基本因素，目的是为了把握供求状况，预测价格变化趋势。

经济周期对价格的影响

经济周期理论对金融投资有深刻的影响，认识当前商品和金融市场处于经济周期的哪个阶段，对于期货交易而言至关重要。美林的投资时钟理论是各类经济周期理论中最受市场瞩目的。

美林时钟是将资产轮动及行业策略与宏观经济周期联系起来的一种直观方法。根据经济增长和通胀状况，美林时钟将经济周期分为四个阶段（衰退、复苏、过热、滞胀）。在每个阶段中，如图 7－1 中标识的某些资产类和行业的表现倾向于超过大市，而位于对立位置的资产类及行业的收益则会低于大市。

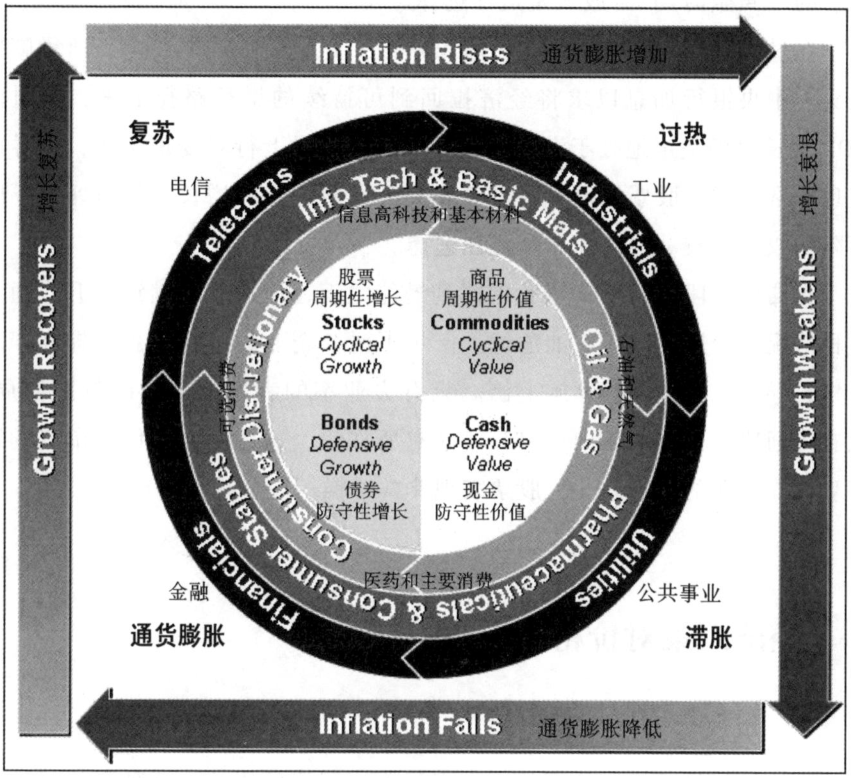

图7-1　美林投资时钟

经典的繁荣——萧条周期从左下角开始，沿顺时针方向循环；债券、股票、大宗商品和现金组合的表现依次超过大市。但实际往往没有这么简单。有时候，时钟会逆时针移动或跳过一个阶段。投资者在资产配置研究中需要对未来经济周期将要到达的阶段作出判断。

在衰退阶段，经济增长停滞。超额的生产能力和下跌的大宗商品价格驱使通货膨胀率更低。企业盈利微弱并且实际的收益率下降。中央银行削减短期利率以刺激经济恢复到可持续增长路径，导致收益率曲线急剧下行，此时债券是最佳选择。

在复苏阶段，舒缓的政策起了作用，GDP增长率加速，空置的生产能力得到释放，周期性的生产能力扩充也变得强劲。企业盈利大幅上升、债券的收益率仍处于低位，但中央银行仍保持宽松政策。这个阶段是股权投资者的“黄金时期”，股票是最佳选择。

在过热阶段，企业生产能力增长减慢，开始面临产能约束，通货膨胀抬头。中央银行加息以求将经济拉回到可持续的增长路径上来，此时的GDP增长率仍坚定地处于潜能之上。收益率曲线上行并变得平缓，债券的表现非常糟糕。股票的投资回报率取决于强劲的利润增长与估值评级不断下降的权衡比较。大宗商品是最佳选择。

在滞胀阶段，GDP的增长率降到潜能之下，但通胀却继续上升，通常这种情况部分原因归于石油危机。产量下滑，企业为了保持盈利提高产品价格，导致工资—价格螺旋上涨。只有失业率的大幅上升才能打破僵局。只有等通胀过了顶峰，中央银行才能有所作为，这就限制了债券市场的回暖步伐。企业的盈利恶化，股票表现非常糟糕。现金是最佳选择。

经济政策对价格的影响

政府的经济政策会对商品价格产生不同程度的影响，这种影响可以分为两个层面。一是政府针对整体经济所制定的宏观政策；二是其对具体商品所制定的特殊性政策。

政府对整体经济制定的宏观政策，通常具有“反周期政策”特点。当总需求小于总供给，经济萧条，失业率上升，政府通常采取扩张性措施来刺激总需求；当总需求大于总供给，产生通货膨胀时，采取紧缩性措施来抑制总需求。调控经济的主要手段分别有财政政策（包括收入政策）、货币政策和汇率政策。由于调控政策的出台往往是针对现实经济中的问题而作出的，当然会对经济走势产生一定程度的影响。宏观调控政策会打破一些商品原有的供需关系，从而使价格发生变化。

对具体商品而言，政府所制定的特殊政策所带来的影响更为直接。比如，政府对某一品种的税收政策或进出口关税进行调整，将直接打破原有的价格平衡。比如：1996年，美国国会批准新的《1996年联邦农业完善与改革法》，使1997年美国农场主播种大豆的面积猛增10%，从而导致大豆的国际市场价格大幅走低。再如，前几年国内出台的有关转基因作物进口的政策，对国内大豆的期货价格也造成了直接影响。

国际市场行情的影响

任何一个国内市场都是国际市场的一部分。在经济全球化时代，任何一国的国内市场都不可能摆脱国际市场的影响。如果国际市场价格有较大波动，国内市场想不受其影响几乎是不可能的。比如，国际市场上由于供大于求导致价格下跌，即使国内自身供需是平衡的，能逃脱其影响吗？不能，因为国际市场的低价会吸引该国的进口商开始进口或增加进口。这样，原本平衡的国内市场因为进口增加也变得供大于求了，只有当价格下跌至进口商无利可图时，进口才会停滞。相反，如果国际市场价格高了，国内市场的低价也维持不下去，因为这时出口商会活跃起来。

当然，国内市场价格受国际行情影响的程度与该国的开放度有关，开放程度越高，影响程度就越大，价格之间的联系就越紧密。比如，我国的铜生产和贸易，开放早，开放程度也相当高，以致上海期货交易所的铜期货价格与伦敦金属交易所的铜期货价格之间的联系非常紧密。

汇率和利率变动对商品价格的影响

汇率是本国货币与外国货币兑换的比率。汇率变动时，两国货币之间原本的比率被打破，意味着商品的进出口价格也发生了变化。

例如，全球天然橡胶主产国集中在东南亚地区，在国际贸易中，以美元计价已经成为惯例。1997年东南亚金融危机，东南亚各国货币纷纷贬值，导致国际市场上天然橡胶价格暴跌。又如，日本的天然橡胶全部依赖进口，即使国际市场上天然橡胶美元价格相当稳定，但在日本国内，由于日元与美元的汇率经常变动，导致以日元报价的天然橡胶价格也不时地波动。另一个例子是巴西，1998 年，巴西货币雷亚尔大幅贬值，使巴西大豆的出口竞争力大幅提高，挤占了美国大豆的出口市场份额，导致芝加哥大豆期货价格大幅度下跌。

1994 年，我国人民币对美元的汇率大幅贬值，上海金属交易所的铜期货价格大幅上涨，也是一个典型的案例。

一般而言，一国的某种商品，其国内供需平衡对进出口的依赖程度越大，对汇率变动的敏感度越强。因此，交易者如果进行这类商品的期货交易，就必须密切关注相关汇率的变动情况。

利率变动或调整本身是政府宏观调控的一个手段。它对商品价格的影响是双重的，一方面，宏观调控后经济形势本身的变化会对商品价格带来间接影响；另一方面，利率变动后，商品供需双方的资金成本也发生了变化。不过，即使它对商品价格产生了影响，其影响也是间接的。因而，利率变动对期货价格的影响要比汇率变动的影响弱一些。

相对而言，利率变动对金融期货的影响要大于其对商品期货价格的影响。比如，对股指期货而言，利率波动可以说是重量级的影响因素；还有，在汇率期货中，一国利率是否变动，变动多少，也是交易者十分关注的重要因素，并且利率变动更是利率期货价格变动的直接原因。

自然因素对价格的影响

自然条件因素主要是气候条件、地理变化和自然灾害等，具体来讲，包括地震、洪涝、干旱、严寒、虫灾、台风等因素。

农产品价格最容易受自然因素的影响，当自然条件不利时，农作物就会减产，从而使供给趋紧，刺激期货价格上涨；反之，如气候适宜，又会使农作物增产，市场供给增加，促使期货价格下跌。例如，巴西是全球咖啡的主要生产供应国，有一年，巴西遭受严重霜冻灾害，据说一夜之间冻伤了百分之三十的咖啡树，消息一经传出，国际咖啡期货价格就上涨了好几个停板。

气候因素已经成为农产品期货炒作的一个重要因素。由于各种农产品在播种期、成长期或收割期对气候的要求不一样，因而，在这些时期，主产区的气候情况及其变化就会引起交易者的密切关注，一有风吹草动，就会引起价格波动。

自然因素的重大变化对工业品和能源产品也会产生相当大的影响，比如，当生产、运输和仓储因灾难天气而造成较大损失时，价格就会上涨。

政治因素对价格的影响

政治因素主要指国际国内政治局势、国际性政治事件的爆发或国际关系格局的变化。

1980 年 1 月 4 日，美国为警告苏联入侵阿富汗，决定向苏联禁运粮食 1700 万吨，结果引起芝加哥期货交易所闭市两天，到 9 日开市后又出现多次跌停。

1999 年 11 月上旬，中美贸易代表团在北京举行关于中国加入世界贸易组织的谈判，消息一出，大连大豆期价即告下跌，猛跌持续一周，2000 年 5 月大豆合约价格从 2240 元/吨下跌至 2060 元/吨。交易者普遍认为，一旦谈判成功，美国向中国出口大豆的障碍便消除了。

2001 年 9 月 11 日，美国发生震惊全球的恐怖袭击事件，商品期货价格普遍下跌，能源价格在一个月内下跌高达 40% 左右。

在分析政治因素对期货价格的影响时，应注意不同商品所受影响的程度是不同的。比如，国际局势紧张时，对战略性物资价格的影响就比对其他商品的影响大一些。

季节性因素也有影响

有些商品的供应或需求具有季节性特点，如农产品的供应都是每年同一时期集中上市，而需求却是分散的。又如，活猪的屠宰、销售以及小猪生产期也有季节性特点。还有，燃油在冬季的需求量明显超过其他季节。

供需的季节性特点能引发价格的季节性波动，这一点，在农产品上表现得特别明显。比如，有人经过统计比较，发现大豆市场的特点为：每年从 3 月、4 月开始，南美新豆上市，进口量增多，就会使现货价格走到谷底，随着 5 月、6 月消费旺季的来临，价格从谷底缓慢回升，至 7 月、8 月大豆青黄不接时，价格达到年内峰顶，10 月后由于北半球的新豆上市，价格再次回落至谷底，来年 1 月、2 月随年关消费高潮的来临，价格略有反弹，并于年关后重回 3 月、4 月的谷底。如此循环往复。

由于职业投资者和现货商都懂得季节性的影响，因而这种特点一般会在不同月份合约上得到提前反应，比如，5 月合约对 3 月合约升水，而 11 月合约对 9 月合约贴水。但从全年走势来讲，期货价格的低点通常会在收获季节出现。有些交易者在判断后市时，会将其作为一个参考依据。当然，在应用之前，他们首先会对历史数据作定量的统计分析，从中发掘出更多有意义的信息。

投机对价格的影响

买涨不买跌是人们的一种普遍心理。当市场价格上涨时，赚钱效应会使更多人愿意买进，并且有些人还愿意进行实物投机，即买进货物后囤积起来。尽管这些购买者并非是对货物的真正需求者，但至少暂时加大了需求，加剧了供不应求的局面。当市场价格下跌时，情况又反过来了，甚至连实际使用者也会降低储备量，这又加剧了供大于求的局面。

在期货交易中，这一现象不仅存在，有时甚至会表现得更突出。当市场处于牛市时，人气向好，一些微不足道的利好消息都会刺激投机者的看涨心理，引起价格上涨；当市场处于熊市时，人心思空，即使有利好消息也会被忽视，而一些微不足道的利空消息会被放大，以致价格继续下跌。

与中小投机者相比，大投机商引发期价涨跌的能量更大，这也是交易者为什么特别关注大户持仓数量及方向的原因。例如，美国的 CFTC 每周五定期公布商业性和非商业性（通常认为是基金）的持仓报告，这份报告会被分析人士和交易者广泛重视，而重视的目的就是希望能够从中了解大户的动向。

大投机商如果过度投机，很可能导致期价非理性波动，这种涨跌，用其他合理的因素是无法解释的。比如，美国的白银期货，从 1979 年的每盎司 6 美元一度上涨到 1980 年年初的每盎司 50 美元，但那是亨特兄弟操纵的结果。后来由于操纵失败，银价又回到原有水平。

基本面分析有价值吗

看了上面的介绍，读者一定能体会到：基本面分析不好做。的确，要做好基本面分析不容易。首先，基本面分析要求拥有及时准确的数据，全面可靠的信息——这对于一般的投资者来说，很难做到；其次，光有数据还不行，还需要有科学的统计及处理方法，这对于没有受过专业训练的人来说，仍旧是一道难题；最后，影响供求关系的因素有很多，不仅其中一些因素无法量化，而且有些因素甚至是无法预料的——谁能预测突发性的重大自然灾害？又有谁能提前预测“9·11”事件？

然而，不容易做与有没有价值是两回事。应该说，基本面分析在行情预测方面不仅有其合理的地方，而且真正做好了其价值是很大的。尽管基本面分析也有盲区，不可能预测突发事件，但突发事件毕竟是小概率事件，它不是常态。

基本面分析的最大价值在于它的着眼点是行情大势，不被日常的小波动迷惑，具有结论明确、可靠性较高及指导性强等优点。

对于一般的投资者而言，即使自己没有能力进行基本面分析，了解和掌握相关知识也是大有益处的。因为你可以凭借这些知识去读懂相关资讯，通过长期的积累，逐步提高自己的理解能力和判断能力。

期货价格比现货价格更敏感

有过期货交易经历的人都会发现，有些基本面方面的消息出来后，期货价格上蹿下跳，但现货价格却没有什么变化。为什么期货价格会如此敏感，变化如此强烈呢？

首先，期货价格是远期价格，它反映的是未来市场的供求关系，具有预期性作用。而现货价格是即期价格，它反映的是现在市场的供求关系。尽管未来价格与现在价格是有联系的，但其表现方式不同。比如，有时它会比现货价格高，有时又可以比现货价格低。

其次，大多数基本因素的变化，本身就是远期性质的，比如，国家的政策变动，通常会提前发布，其真正的影响作用在远期；又如，天气的变化，尽管是现在时，影响的是现在已经种植的作物，但这些作物实际上仍属于未来供应的内容。由于基本因素本身的远期性，其对远期的供求关系会产生重大影响，对现在价格的影响可能并不明显。

最后，期货交易买卖的是标准化合约，而非实物，因此，供求关系的变化对期货市场价格的影响会在很大程度上受交易者心理预期变化的影响，从而导致期货市场价格以频繁波动来表现其上升或下降的总趋势。

充分利用公开性的专业报告

要获得全面系统的数据，谈何容易。如果你寄希望于自己亲力亲为，那还是趁早放弃，因为你即使整日不休息也干不好。好在现在资讯传媒发达，大多数的国家政府都有专门的机构在做这些工作，问题是我们的投资者能否加以善用。美国农业部（USDA）每年、每月、每周都会定时公布世界和美国主要农产品的供求报告。比如，每月 10～13 日发布的月度报告，公布小麦、玉米、大豆等主要农产品的供需平衡表，即供需报告。内容包括世界和主要农产品生产国的主要产品的种植面积、收获面积、平均单产、产量、期初、期末库存和进出口量等。周一上午公布上一周大豆、玉米、小麦、豆粕、豆油等农产品出口装船的检验报告，并按国家和地区进行了细分；周四上午公布上一周大豆、玉米、小麦、豆粕、豆油等农产品出口销售报告。报告按国家和地区进行了划分，周一下午还公布作物生长进度报告，包括作物的优良率、开花、结荚、抽穗、扬花等指标，以此判断作物的生长情况和产量。另外还会发布天气和农作物概况等报告。所有这些报告，提供了大量的基本数据，事实上已经成为期货交易者进行基本面分析的重要依据。

对数据的解读和理解要有全局观

没有数据谈不上分析，这一点可以说交易者都明白。然而，对数据的解读要有全局观。比如，有报道说："某地棉花产量今年有望比去年增产10%。"这一消息对行情是利多还是利空？有人可能会不屑一顾地回答，供给增加，显然是利空。能下这个判断吗？还不能！因为该地增产不等于其他地方也增产。如果报道的内容为“我国棉花产量今年有望比去年增产10%”或“全球棉花产量今年有望比去年增产10%”，那意义就不一样了。

“全球棉花产量今年有望比去年增产10%”，仅凭此还不足以判断供需关系，因为还不知道今年需求情况怎么样。如果是“今年全球棉花需求有望比去年增长15%”，意义又不一样了。

如果有报道说：今年棉花增产10%，需求量增长8%，是不是一定是供大于求了？还不一定。因为你必须结合历史数据进行分析后才能判断。如果“今年增产10%”是在过去几年大幅减产的基础上实现的，很可能今年的实际产量仍旧低于需求量。即使是实际产量与需求量差不多，也可能因为去年库存大幅减少仍显得供应紧张。

又如，“12月份活猪报告显示生猪屠宰数量较去年同期增加10%”，是否真实反映了需求的增加呢？如果前一年度的数值是非常低的，在历史数据中也属于异常，那么今年需求恢复正常，尽管出现了10%的增加，利多程度也会大打折扣。显然，在判断供求关系的现状时，仅使用前后两年数据比较就得出结论可能存在偏差，科学的比较就必须结合更多的历史数据，需要有全局观。

供求状况与价格的关系是相对的

交易者很容易犯的一个错误是将供求状况绝对化，脑中只记得：供大于求，价格必跌；供不应求，价格必涨。表面上看，似乎很合理，其实不然。那么错在哪里呢？错在他们忘了：供大于求也好，供不应求也好，本身是与价格水平有关的。供大于求，是指在一定的价格水平上的供大于求，价格下跌后，是不是还是供大于求就不好说了，有可能跌过头后，供大于求转化为供不应求了。

举个例子：拍卖会上有两张邮票，标价1万元时，有50个人举牌，显然是供不应求；标价10万元时，只有1个人举牌，这时还能说供不应求吗？又比如：有报告称2004/2005年度美国玉米单产有可能达到创纪录的155蒲式耳/英亩，而上一年度只有146.3蒲式耳/英亩，这预示着2004/2005年度新玉米的供给将会超过往年。当大幅增产的消息第一次公布后，价格下跌的可能性比较大。但是，如果玉米价格已经因此而下跌了20%，当这一消息仍旧在相关报告中出现时，是否还意味着利空呢？一些基本面分析师之所以会在价格形态的底部继续看空，就是因为犯了将供求状况绝对化的错误。所以，基本面的因素到底是利多还是利空，是相对于价格水平而言的判断，而不是绝对的判断。

看一部侦探电影，只有从头看起，才能理解剧中的人物和情节。如果电影演到一半才进场观看，由于不知道前情，产生莫名其妙的感觉是难免的。同样，在期货交易中，人们对新出现的信息能否理解也与是否连续关注有关。

比如，新进场的交易者看到一条信息说：世界棉花产量估计会增加10%。他的第一反应就是看空棉花。但是如果早在几天之前就有类似的预测认为产量将增加12%，那么人们的理解显然就不一样了。又如，最新报道说：谷物主要生长带的部分地区的气温达到华氏100度。这是否能成为做多的理由？如果事实上是过去三周这些地区一直在下雨，那这个消息还真不能算作坏消息。还有，天气对某地的作物造成了某种损害，损失是真的，并且供应量也减少了，但是市场对之却没有反应。怎么回事？你也许后来才明白，原因是其他地方的供应太多了。而这些消息前面都有过报道，只不过你没有留心，或当初还没有入市。

显然，对相关信息连续跟踪是极其重要的，只有将新信息结合旧信息一起研判，才能更好地理解和把握新信息。对新入市的交易者而言，尤其要注意避免“电影演到一半时才进场观看”的尴尬。一方面是入市前多观察些时间，另一方面是要多花时间回顾浏览以往的相关资料。

考虑因果关系不能忽视时间因素

交易者在研究基本面时，有时会进行逻辑推理，但要注意的是，即使其前提是成立的，也不能忽略时间因素。例如，饲用谷物价格未来可能高企，则禽肉和猪肉价格也会上涨，于是应该在这些品种上做多。尽管这样的逻辑推理的确是合理性的，但如果忽略了时间因素，很可能最后适得其反。

从长期来看，如果用来制作饲料的谷物原料价格上涨，会增加家禽和猪、牛的饲养成本，确实可能会造成肉的供给减少，价格上涨，也就是饲用谷物价格和禽肉、猪肉价格之间确实存在正相关的因果关系。但是如果从短期来看，两者之间正相关关系可能完全不正确。因为当谷物价格提高的同时，肉类价格由于竞争压力未必马上能上涨。由于饲料价格是实实在在上去了，饲养户的成本加大了，当他们难以承受时，很可能采取的措施是降价促销以减少存栏数量。这样，在短期内，饲用谷物价格和肉类价格之间反而成了负相关关系。误判，将导致抢先买进肉类期货的交易者亏损。总而言之，在进行基本面之间逻辑推导时，必须注意时间因素，有一些因果关系可能会立即发挥作用，但也有一些存在时间滞后现象。

商品成本不一定是价格底线

价格下跌到很低时，交易者难免会将价格与产品的生产成本进行比较。的确，价格如果长期低于生产成本，生产者会考虑退出该品种生产，最终导致供应大幅减少，促使价格回升。但是，必须知道，这也需要时间。在大规模减少供应未成为现实之前，价格跌破成本甚至相当一段时间内一直在成本之下运行也是可能的。

当然，不同品种的价格，在生产成本之下运行的可能性、持续程度不一样。一般而言，可以储存的品种，如金属铜、铝、黄金等，生产成本的支撑力度会大一些。但对农产品来说，支撑力度就弱得多。即便价格下跌到成本以下，如果供给仍然大于需求，价格就还可能下跌。由于农产品种植的季节性和刚性，价格调整一般至少需要经过一年甚至几年的时间。

在国际农产品期货市场上，曾经几度出现过期货价格低于农产品成本价格的现象，比如，白糖期货市场上，糖价居然跌到比包装袋价格还低的程度，换言之，等于是糖不要钱了。为什么会如此，因为当时的糖实在太多，由于储存条件有限，不使用就会自己融化，如果能出售，至少还能回收包装袋的成本，总比分文不值好。

留意价格水平的调整

当我们使用历史价格数据进行分析时，如果不考虑通货膨胀的因素，将会给分析结果带来较大的误差。所用的历史数据时间越长，可能带来的误差就会越大。比如我们对比某农产品的基本面数据，发现今年的价格水平与历史上某几年的情况非常相似，如果直接将这三年的名义价格比较，肯定会带来误差，不利于科学度量产品的合理价格。如果考虑这么多年来通货膨胀的因素，就会明白今年价格的绝对水平应该比那几年低了许多。

又如，伦敦金属交易所的金属价格是以美元标价的，2001 年至 2004 年初，金属价格大幅上涨。在此期间，美元连连贬值。比较后不难发现，对世界上那些货币升值的国家而言，金属价格的实际涨幅并没有名义涨幅那么大。

对相关国际组织的限价不能迷信

国际上许多商品都有相应的国际组织，比如国际糖贸易协定、国际咖啡贸易协定、天然橡胶国际组织、石油输出国组织等。这些组织通常是由该商品的主要生产国组成的，目的是保护成员国的商业利益。在实际运作中，企图影响市场价格甚至制定相应的限价条款是常用手段。

这些限价条款确实可能会对期货价格产生暂时的支撑作用，但是必须明白：主导市场的力量还是供求关系，这是国际组织左右不了的。所以，在做基本面分析时，不可对这些限价措施迷信。比如，石油输出国对油价的影响，每到关键时刻往往会失效，油价不是跌落到他们的底线之下，就是上涨到规定价格之上，过分迷信这些价格限制措施，在期货交易中会吃大亏的。

伦敦金属交易所“大锡危机”就是一个典型的案例。由马来西亚、印度尼西亚、秘鲁、巴西、泰国和玻利维亚等国组成的国际锡理事会拥有全球90%以上锡产量。在他们的控制之下，国际大锡价格一直居高不下。1985年10月，国际锡理事会成员国终于因无力在高位承接大量卖盘，被迫宣布政府行为不可抗力，并拒绝履约。国际锡价直线下落，造成经纪商巨额亏损。伦敦金属交易所也被迫于当年关闭大锡交易。

基本面分析必须注意的事项

一是有些交易者在交易时很关心基本面方面的消息，但仅仅是看看而已，然后凭借自己的粗浅理解便对行情作出预测或判断。这不是严格意义上的基本面分析。真正的基本面分析需要做大量的工作，不仅需要收集资料，更重要的是对数据和资料进行科学处理。比如，应用统计技术进行定量分析、建立计量经济模型、利用计量经济模型分析计算各要素之间的制约关系等。只有这样，预测才不会流于形式，也能够提高预测的精度。

二是利用基本面分析预测行情也有盲区和局限性，因此不能迷信。比如，资料和数据只能告诉你过去的情况，既不可能包括所有的因素，也无法预测突发因素。这都会影响预测的能力与预测的精度。

三是基本面分析的长处和优点是抓大势，但即使看对了大势，在何时入市这个重要问题上不一定能够把握好。比如，2002 年初，全球天然橡胶期货辞熊走牛。在此之前几个月，国际橡胶研究组织通过供需及库存数据比较，已经作出了提醒。但如果据此提前进入期货市场，不知要受多少折磨，弄不巧还会亏损出场。因此，一些成功人士认为，何时入场的问题最好结合技术分析方法。

第八章

技术面分析

技术分析是通过对市场行为本身的分析来预测市场价格的变动方向。市场行为如何演变，会在价格、成交量及持仓量三方面表现出来，这三方面的数据不仅都是即时公开的，而且都是客观的。如果将这些数据按照时间顺序绘制出来，就可以形成图形或图表，技术分析就是针对这些图形或图表进行分析研究，以预测期货价格走势。

技术分析的三大假设

技术分析法的理论基础是基于以下三个市场假设：

（一）市场行为反映一切

这是进行技术分析的基础。技术分析者认为，市场的投资者在决定交易行为时，已经充分考虑了影响市场价格的各项因素。因此，只要研究市场交易行为就能了解目前的市场状况，而无须关心背后的影响因素。

（二）价格呈趋势变动

这是进行技术分析最根本、最核心的因素。“趋势”概念是技术分析中的核心。根据物理学上的动力法则，趋势的运行将会延续，直到有反转的迹象产生为止。事实上价格虽上下波动，但终究是朝一定的方向前进的，这是牛顿惯性定律的应用，因此技术分析法希望利用图形或指标分析，尽早确定目前的价格趋势及发现反转的信号，以掌握时机进行交易并获利。

（三）历史会重演

这是从人的心理因素方面考虑的。期货投资无非是一个追求利润的行为，不论是昨天、今天或明天，这个动机都不会改变。因此，在这种心理状态下，人类的交易行为将趋于一定的模式，而导致历史重演。所以过去价格的变动方式，在未来可能不断发生，值得投资者研究，并且利用统计分析的方法，从中发现一些有规律的图形，整理一套有效的操作原则。

技术分析基于上述三项理论依据，成为判断行情的有效方法。当然，对三大假设本身的合理性一直存在争论，不同的人有不同的看法。例如，第一个假设——市场行为反映一切，但市场行为反映的信息只体现在价格的变动中，与原始的信息毕竟有差异，信息损失是必然的。正因为如此，在进行技术分析的同时，还应该适当进行一些基本面分析以及其他方面的分析，以弥补不足。再如，第三个假设——历史会重演，但期货市场的市场行为是千变万化的，不可能有完全相同的情况重复出现，总会存在或多或少的差异。

技术分析大家庭

技术分析是历史经验的总结。在长期的交易实践中，交易者从不同的角度出发进行总结，于是产生了形形色色的分析方法。方法之多，完全可以构成一个技术分析大家庭。在这个大家庭中，除了有 K 线分析、形态分析、移动平均线分析、指标分析外，还有波浪理论、江恩理论等。这么多东西，对于初学者而言，的确不是三五天就能看明白的。不过，只要有心，慢慢地去看，理解起来也不是很难。再加上现在资讯发达，打开电脑中的行情页面，不用你计算，也不用你画图，各种技术分析的东西都可以按照你的需要随时调出来。初学者唯一需要做的就是将这些方法的含义搞清楚。

闪电图、分时图和 K 线图

期货交易中，有一种图的标价方法是每有一个成交价就在图中标一点，这叫作闪电图或“tick”图。另一种图称为分时图，那是在图中按时间等分，将每分钟的最新价格标出，随着时间延续就会出现一条弯弯曲曲的曲线。

图 8－1 是大连商品交易所 2021 年 10 月 15 日鸡蛋 Jd2201 合约日内走

势图。图 8－1 中上框内曲线就是价格，走势平缓的线是当日即时均价；下框内竖直线为交易量，曲线为即时持仓量。

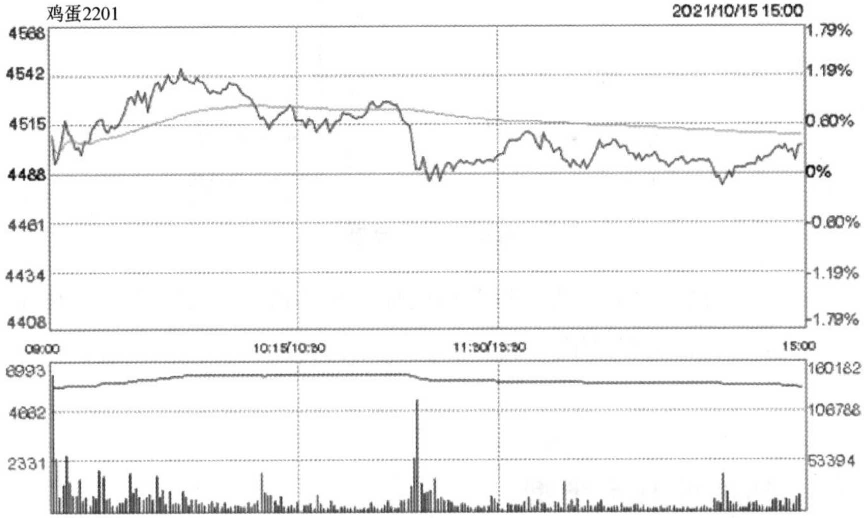

图 8－1　Jd2201 合约日内走势

闪电图和分时图的好处是过程清晰，但其缺点是不适用于较长时间的分析。因而，这两种图通常只是在日内交易时使用。如果分析的时间段长一些，就要用其他图形了。

K 线图形似蜡烛，又称蜡烛图。在 K 线图中，每根蜡烛代表一个规定的时间段，这个时间段可以是 5 分钟、60 分钟、一天、一周、一月甚至是一年。如果是一天，则称为日 K 线图；如果是一月，则称为月 K 线图。K 线图中，只保留该时间段内的 4 个价格，那就是开盘价、收盘价、最高价和最低价。

绘制 K 线图的规则是：纵轴代表价格，横轴代表时间，开盘价与收盘价形成一个矩形。当收盘价高于开盘价时，这个矩形以白色表示，称为阳线；如果开盘价高于收盘价，这个矩形以黑色表示，称为阴线。有时为了加强视觉效果，还用红色代表阳线，蓝色代表阴线。最高价和最低价的画法是：在相应的价位上做点，然后用线段与矩形相连。这时，最高价与矩形相连的一段称为上影线，最低价与矩形相连的一段称为下影线（见图 8－2）。

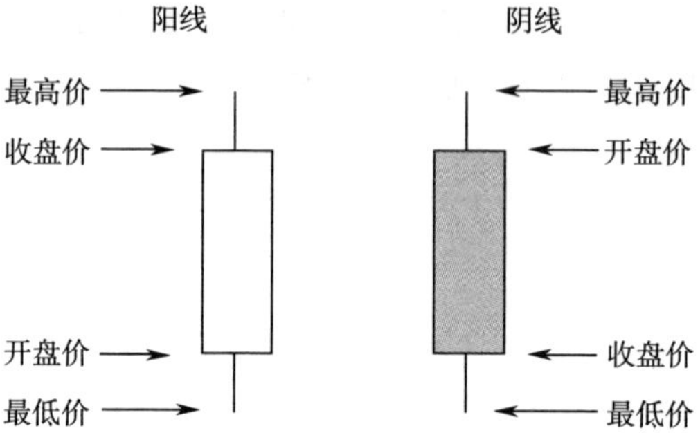

图 8－2　K 线图

观察 K 线图，可以很明显地看出该日市况“低开高收”还是“高开低收”，形象鲜明，直观实用。

K 线图的基本类型

K 线图非常简洁地将该段时间内买卖双方的争斗结果反映出来，矩形的颜色、长短及上下影线的长短，都很直观，不会引起混淆。也因为有这些好处，自从被发明出来后，K 线图就一直被广泛利用。在应用中，人们将不同意义的 K 线分门别类，并赋予其名称。一些常见 K 线的分类图形、名称及含义在表 8－1 列出。

表 8－1　K 线图分类

	图形	名称	含义说明
1	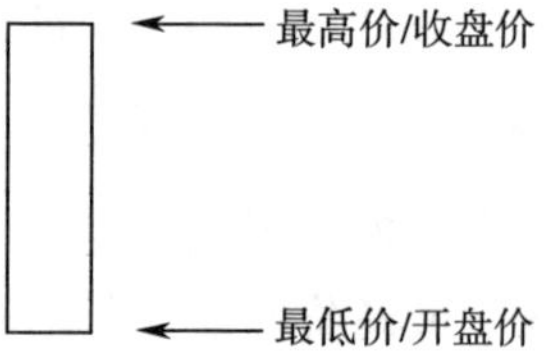	长红线或大阳线	表示强烈的涨势。阳线的长短，代表买盘的强劲程度，阳线越长，说明买盘越强

续表

	图形	名称	含义说明
2	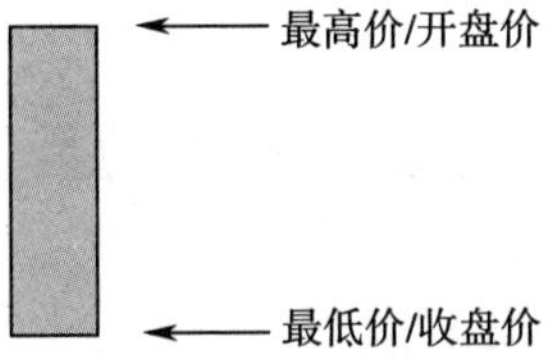	长黑线或大阴线	表示强烈的跌势。意义与大阳线相反
3	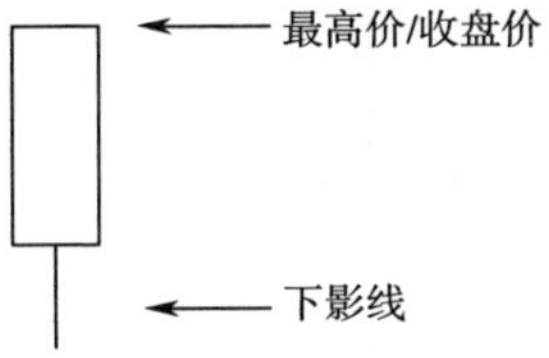	先跌后涨型	预示买盘较强，仍保持继续上升的势头
4	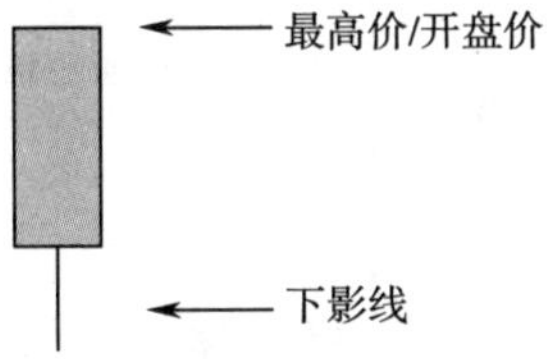	下跌抵抗型	预示下跌受到抵抗
5	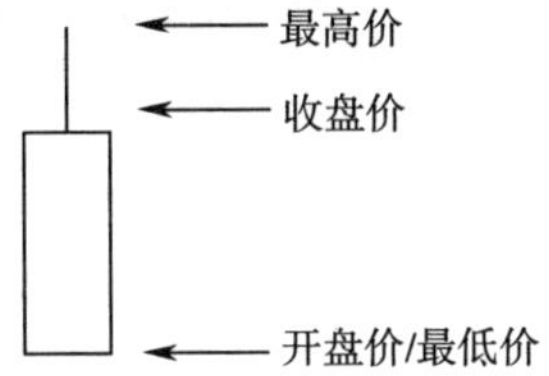	上升阻力型	表示上升受到抵抗
6	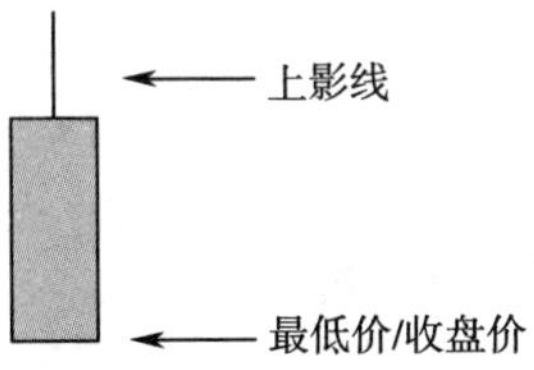	先涨后跌型	预示卖盘较强，仍处下降趋势之中
7	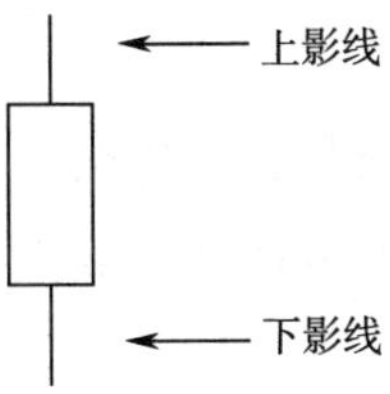	反转试探型	表示上升暂受阻，但后市仍然看涨

续表

	图形	名称	含义说明
8	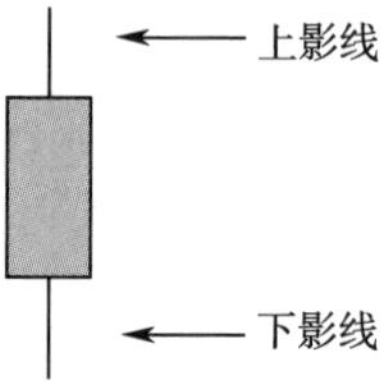	弹升试探型	表示下跌暂受阻，但后市仍然看空
9	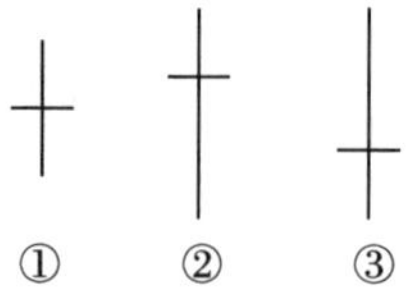	十字型	买方与卖方几乎势均力敌
10	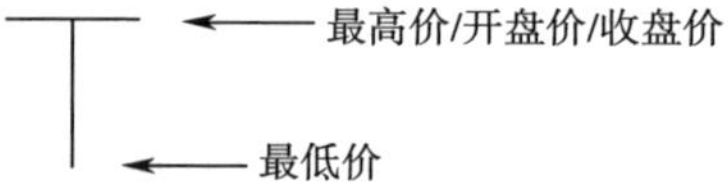	T 型	多空较量由弱转强，转跌为升的信号
11	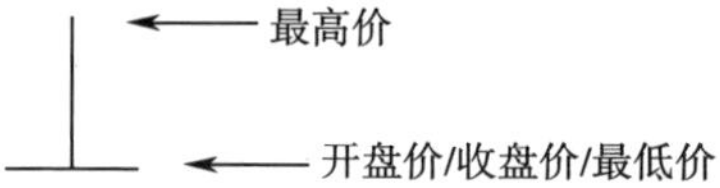	倒 T 型	跟 T 型相反，表示多空较量由强转弱，这是转升为跌的信号
12	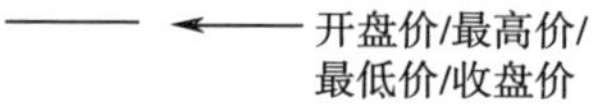	一字型，四价合一	常出现在涨跌停板之时，是涨势或跌势最强的走势

成交量和持仓量是不可忽视的指标

期货交易中，价格当然是最重要的第一指标，但成交量和持仓量也不容忽视。有人认为，如果给价格的重要性打 5 分的话，成交量和持仓量应分别打 3 分和 2 分。

成交量是重要的人气指标，同样上涨，成交量大表明人气足，表明市场对上涨的强度和迫切性更高；反之，上涨的压力就小得多。通过观察成交量水平，人们能够更好地估量市场运行背后买入或卖出的压力，因而，技术分析人员经常利用成交量资料来验证价格运行，或者将其作为识别价格变化可靠与否的警讯。

持仓量同样反映了市场人气。持仓量增加，表明资金在流入市场，如果持仓量减少，则表明资金在流失。与成交量一样，技术分析人员也经常利用它来验证价格运行的强度，或者将其作为识别价格变化可靠与否的警讯。

持仓量与价格关系的常规判断

一般认为，持仓量和价格走势之间有如下关系：

第一，上升趋势中，价格上涨的同时持仓量增加。持仓量增加，说明不断有更多的买入开仓。同时，价格上升又说明市场上“买气”压倒“卖气”，这是一个看涨信号。

第二，上升趋势中，价格上涨的同时持仓量下降。说明价格上涨的动力主要来自空头的平仓，市场整体资金在流失。一旦空头割肉过程完结，上升趋势就失去上涨的推动力，因此这是一个看跌信号。

特别要注意的是，在市场顶部出现胀爆的情况。这时候，价格已经过长期上涨，突然急剧上冲的同时，交易量大大增长且持仓量显著下降，此时市场上出现的大规模的平仓活动很可能预示着趋势反转。

第三，下降趋势中，价格下跌的同时持仓量增加。持仓量增加，说明不断有更多的卖空开仓。此时价格下跌反映出新介入的卖方大胆积极，价格向下的趋势持续发展的可能性增加，因而是一个看跌信号。

第四，下降趋势中，价格下跌的同时持仓量减少。说明价格下跌的动力主要来自多头的平仓。一旦持仓降到足够低，多头完成平仓，下降趋势很可能即将终结，因此这是一个看涨信号。

同样，特别要注意在底部出现抛售高潮的情况。这时候，价格在长期下跌的基础上，突然急剧暴跌。同时，交易量大为增长，持仓量却显著下降。大规模的平仓活动在警告我们“暴风雨”即将来临，趋势可能改变。

需要注意的是：常规判断不能机械套用，因为在期货交易中，例外的情况并不少见。

比如，随着时间的推移，交易者为避免交割，会主动将近期合约平仓，转移到后面的合约上去，这时，近期合约持仓量自然日减，远期合约持仓量则日增，如果机械地套用上述规则很可能误判。对此，有些技术分析专家建议：持仓量的计算，应该以同品种所有合约的持仓量为依据。

又如，当一场主要的市场运行趋势接近尾声时，持仓量也已经随着价格趋势的发展增加到较高水平，一旦持仓量不再继续增加，也可以看作趋势即将生变的先期警讯。如果这时候价格突然大幅反向，信号意义就更大。因为大量在趋势末期跟进的单子会悉数被套，割肉平仓本身就会成为一种反向推动力。

还有，长时期的价格盘整中，持仓量逐渐累积增加后，一旦爆发行情，力度就会很大。其实，这也与持仓量本身有关——价格突破发生后，失势一方的割肉平仓行为会加剧行情的发展。

总之，持仓量变化的信息能够给我们判断行情提供一些帮助，但在使用中一定要具体问题具体分析，切忌生搬硬套，乱贴标签。

趋势、支撑、阻力线及轨道

趋势就是市场价格的方向。不过，为了便于实际应用，我们需要更具体的定义。在通常情况下，市场价格不会朝任何方向直来直去。在图表上，市场价格的表现特征就是曲折蜿蜒，它的轨迹酷似一系列前赴后继的波浪，具有相当明显的峰和谷。所谓市场趋势，正是由这些波峰和波谷依次上升或下降的方向所构成的。无论这些峰和谷是依次递升，还是依次递降，或者横向延伸，其方向就构成了市场的趋势。所以，我们把上升趋势定义为一系列依次上升的峰和谷；把下降趋势定义为一系列依次下降的峰和谷；把横向延伸趋势定义为一系列依次横向伸展的峰和谷。但习惯上，人们不愿意把横向延伸看作趋势，通常用“没有趋势”来表明横向延伸行情。

所谓趋势线就是上涨行情中两个以上的低点的连线以及下跌行情中两个以上高点的连线，前者被称为上升趋势线，后者被称为下降趋势线。趋势向上称为牛市（Bulish）；趋势向下则称为熊市（Bearlish）。牛市与熊市是欧美惯用的术语。

趋势线在性质上又可分为支撑线及阻力线。

支撑线是上升趋势中两个最低谷底的连线。

阻力线也称为压力线，它是下降趋势中两个最高峰顶的连线。

在两条平行的压力线与支撑线之间所形成的范围，常称为轨道。同样，轨道亦可分为上升轨道与下降轨道（见图8-3）。

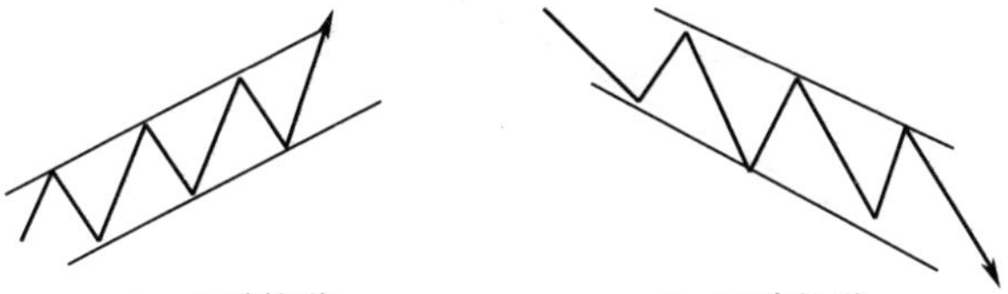

A　上升轨道　　　　B　下降轨道

图8-3　趋势线

趋势有级别

当一条趋势线在时间上涵盖数月之久，按道氏理论的分类便称为主要趋势线或长期趋势线。主要趋势是趋势的主要方向，也是期价波动的大方向；如果将观察时间压缩在主要趋势中的调整期内，则可以发现这调整期内的走势实际上也形成了趋势，也可画出相应的趋势线。道氏理论将这较短时间的趋势线称为次要趋势线，更进一步地观察次要趋势，可以发现其中还存在级别更小的反向调整。道氏理论将这种更短时间的反向调整称为短暂趋势，相应的趋势线称为短暂趋势线。三种不同级别趋势的最大区别是时间的长短和波动幅度的大小。

图 8－4 是沪铜指数在 2020 年 8 月至 2021 年 10 月的日 K 线图，从图上很容易发现：主要趋势是上升的，几个低点形成了一条清晰的上升趋势线（粗线）；但长期上升途中也有几波回调（细线），回调的时间也不短，有的甚至持续了一个多月。在这一年多的时间里，上升是主要趋势，回调形成了次要趋势，如果在 30 分钟或 1 小时图中观察，甚至还能发现级别更小的上涨或下跌的短暂趋势。

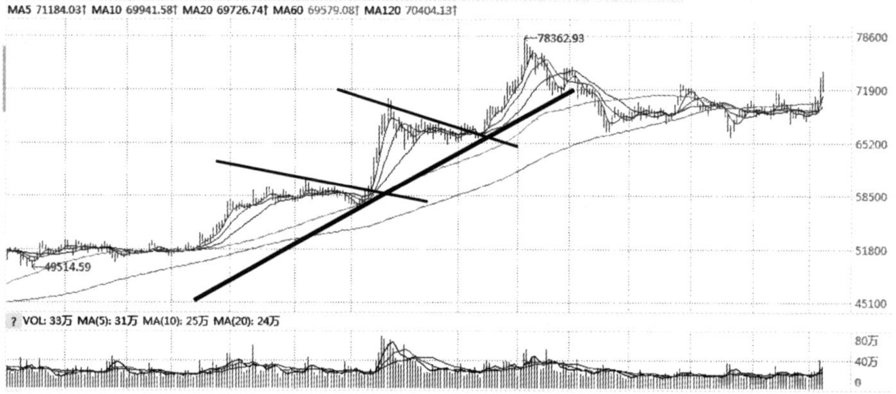

图 8－4　趋势线的不同级别

趋势线的确认、调整及作用

趋势线很容易画，但必须经过验证才能确认。首先，必须确定有趋势存在。也就是说，在上升趋势中，必须确认出两个依次上升的低点；在下降趋势中，必须确认两个依次下降的高点，才能确认趋势的存在，连接两个点的直线才有可能成为趋势线。其次，画出直线后，还应得到第三个点的验证才能确认这条趋势线是有效的。一般说来，所画出的直线触及的次数越多，其有效性越强，用它进行预测越有效。另外，趋势线延续的时间越长，也越有效。最后，当行情进一步发展后，应该及时调整，制作新的趋势线，使其更符合实际情况。如图 8-5 中，1 号趋势线是最早做出的，但随着行情的发展，又可以做出 2 号趋势线。

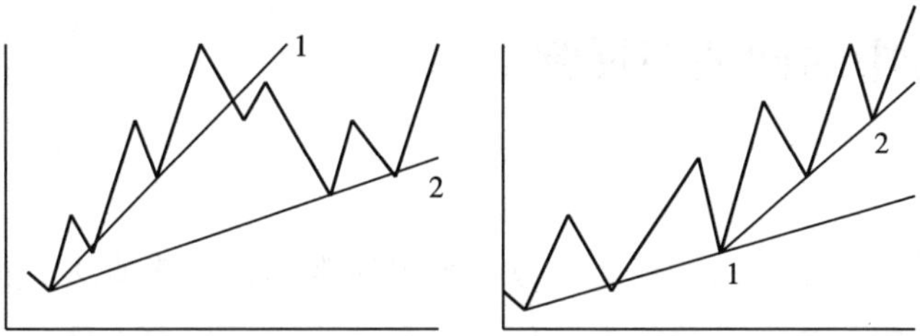

图 8-5　趋势线的确认与调整

一般来说，趋势线的作用有：

1. 对价格今后的变动起约束作用，使价格保持在这条趋势线的上方（上升趋势线）或下方（下降趋势线）。实际上，就是起支撑和压力作用（见图 8-6）。趋势交易者通常会利用这一特点进行交易，比如，在支撑价格附近买进，在压力价位左右卖出。

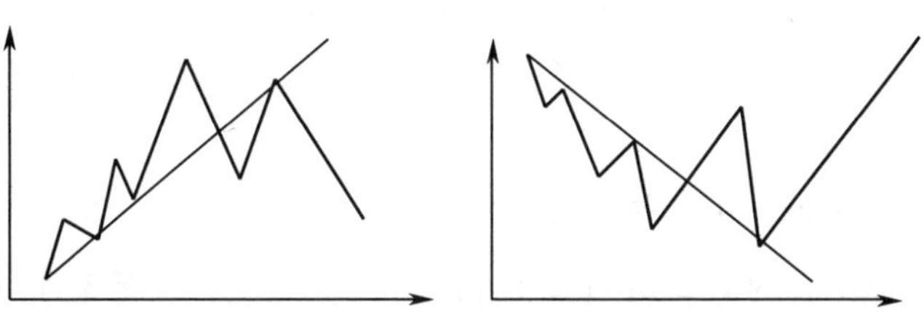

图 8-6　支撑线与压力线的转换

2. 趋势线被有效突破，说明价格下一步的走势将要反转。越重要越有效的趋势线被突破，反转的信号越强烈。而且，突破之后，原来的趋势线往往会起到相反作用，比如，原来的支撑线的延长线会成为今后上涨的压力线；原来的压力线的延长线却起支撑作用。交易者有时也可利用这一特性进行交易。

3. 趋势线的有效突破，往往需要大成交量的配合，尤其是当期价向上突破下跌趋势线时，有量和无量通常可以看作重要的验证指标。向下突破上升趋势线时，有时不一定需要大成交量的配合，但如带量向下突破，其突破的有效性就更强。

趋势中的回调与反弹

正如前面所指出的那样，趋势的表现通常不会直来直去，而是如波浪一样曲折蜿蜒。在上升趋势中，价格以上涨为主，但在上涨过程中，价格也会出现回调；在下降趋势中，价格以下跌为主，但在下跌过程中，价格也会出现反弹。

既然是回调或反弹，就有一个幅度问题。如果上涨价格 100 点后又跌回去了 200 点，那就超出回调的范围了。通常认为，回调或反弹的幅度有几个关键数字值得注意，那就是 1/3 处和 2/3 处。也有将黄金分割数字作为关键数字的，那就是 0.382 和 0.618。其实，这两个数字与 1/3 和 2/3 差不了多少。前一数字的回调或反弹力度稍微弱些，而后一数字的回调或反弹力度更大一些。超出这一数字，交易者就值得认真思考究竟是属于回调（反弹）还是趋势反转的问题了。

图 8－7 是上期所天然橡胶 RU2201 合约 2021 年 1 月至 2021 年 10 月的日 K 线图，RU2201 合约从 2021 年 2 月底的 18000 点左右跌至 3 月中旬的 16000 点左右，跌幅为 2000 点左右，随后回调至 16500 点左右后又继续下跌，跌至 4 月初的 15000 点左右，接着再次回调到 15500 点左右，经过第二次短暂的回调后又出现第三次下跌，跌至 14500 点左右。而从 2021 年 1 月至 2021 年 6 月这半年整体趋势来看，三次下跌（图中的三条粗线），每次跌幅都大概为整体下跌幅度的 1/3，与技术分析法中的百分比线的位置比较相似。

图 8－7　回调或反弹

趋势中缺口的表现

剧烈的上涨行情或下跌行情中，经常可在图表中发现跳空缺口的存在。所谓跳空缺口，就是指上涨行情中，当期 K 线图中的最低价比上期 K 线图中的最高价还要高，以至于在连续图形上留下了一个空档；反之，在下跌行情中，当期 K 线图中的最高价比上期 K 线图中的最低价还要低，亦可形成空挡图形。根据历史经验，技术分析人士还对不同意义的缺口作了如下的分类命名。

一是突破缺口。这是指市场平衡阶段被打破时出现的缺口，随着突破缺口一起出现的往往是交易量的大幅增加，这预示着市场平衡阶段的结束，而行情发展才刚刚开始。

二是中继缺口。这是指行情向纵深发展中出现的缺口，在大牛市或大熊市中，这种缺口可能会接二连三地出现。

三是衰竭缺口。这是指趋势行将结束时出现的缺口，也有人称其为最后的疯狂。一波行情中，前期出现的缺口越多，随后出现衰竭缺口的可能性越大。比如，有人认为，第三个缺口很可能是衰竭缺口，也有人认为可能是第四个。显然，究竟第几个缺口会被称为衰竭缺口，不能一概而论。

一般认为，突破缺口和中继缺口很难在短期行情内被补掉，但衰竭缺口不久就会被补掉。

除了在趋势市态中会出现大量缺口外，在平常的市态中，也可能出现缺口。此种缺口没有什么特殊意义，所出现的缺口通常会被随后的交易所填补。因而，这些缺口被命名为普通缺口。有时，交易量清淡、流动性不足等原因也会造成缺口，这种缺口，就更没有意义了。

形态分析中的两大类型

打开一个长期图表，我们经常能发现图中会出现各种各样的几何图形。比如，有的像一个三角形，有的则是一个“V”字形，还有像一面旗子的，真是五花八门，应有尽有。技术分析人士对这些图形进行了专门研究，一是看各种不同的形态在哪些场合出现得更频繁，二是观察这些图形出现以后在历史上后市通常是怎么演化的。

作为交易者，最关心的是后市将如何发展。如果价格在上涨（下跌）了一段时间之后处于盘整状态，交易者最大的疑问是：后市将继续沿着原来的趋势上涨（下跌）呢，还是涨（跌）势结束，行将反转？

于是，那些经常出现在反转行情中的图形就被归类为反转突破形态。反转突破形态的常见图形有头肩顶（底）、多重顶（底）、圆弧形、V 形、钻石形、岛形等。同样，那些经常出现在持续行情中的图形就被归类为持续整理形态。持续整理形态的常见图形有三角形、矩形、旗形、楔形等。

必须明白：一个图形之所以归为反转形态或持续形态，是它经常在这种形态中出现的缘故，这并不意味着不可能在另一种形态中出现。事实上，这种情况不仅有可能出现，而且还会出现另一种情况，那就是一种图形是在该出现的地方出现了，但后来的走势却没有按照原定的方式进行，这种情况，通常被称为“流产的图形”。

头肩顶和头肩底

(一) 头肩顶

头肩顶是价格形态中出现得最多的形态，是最著名和可靠性较高的反转突破形态。

图 8 – 8 是头肩顶的示意图，这种形态是在涨势中出现的。图形特征是：一共出现三个顶，中间的高点（C）比另外两个（A、E）都高，称为“头”，左右两个相对较低的高点称为“肩”，这就是头肩顶名称的由来。

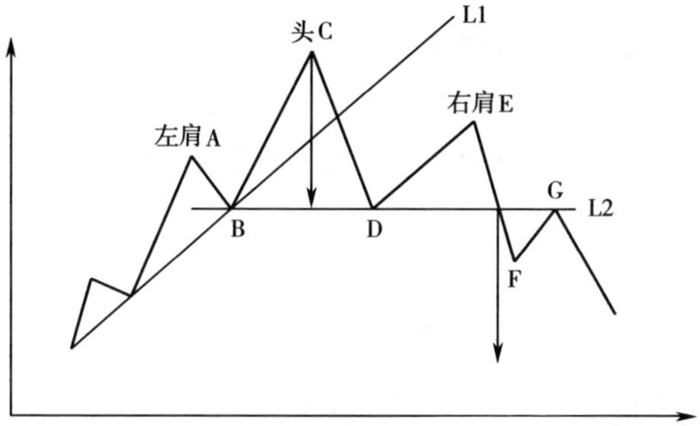

图 8 – 8 头肩顶示意图

图中的连接 B 点和 D 点的直线 L2 称为颈线，一旦价格从 E 点下跌，有效击破颈线，头肩顶形态便宣告成立。通常的预测是价格跌幅至少为顶到颈线的距离，有时候甚至是 2 倍或 3 倍。

分析要点：

1. 一般来说，左肩和右肩的高点大致相等，部分头肩顶的右肩比左肩更低。但如果右肩的高点较头部还要高，该形态便不能成立。

2. 如果其颈线向下倾斜，显示市场非常疲乏无力。

3. 成交量方面，左肩和头部的量比较大，右肩较少。

4. 当颈线被跌破时，成交量不必增加也能确认，倘若成交在跌破时激增，显示市场的抛售力量十分庞大，期价会在成交量增加的情形下加速下跌。

5. 跌破颈线后可能会出现暂时性的回升（反抽），这情形通常会在低成交量的状态下被跌破时出现。不过，暂时回升应该不超越颈线水平（图中的 G 点）。如果反抽回升有效突破颈线，则意味着图形“流产”。

（二）复合头肩顶及例子

复合头肩顶是头肩顶的变形状态，比如会有两个头或两个左肩和两个右肩的情况，测算意义与简单头肩顶一样。下面举一个例子。

图 8－9 为大商所塑料某月份合约 3 小时 K 线图。图中最高点 11640 元/吨左面出现了三个头部，但由于最终在颈线（细线）附近没有实现穿透，导致头肩顶流产，后来强势反弹，在创下新高 11640 元/吨后，右面又形成了两个次高点，与左面对称，构成一个更大的复合头肩顶（粗线）。当行情走到 A 点时，有效击破复合头肩顶的颈线（虚线）之后于 B 点又反扑颈线失败，继续下跌。

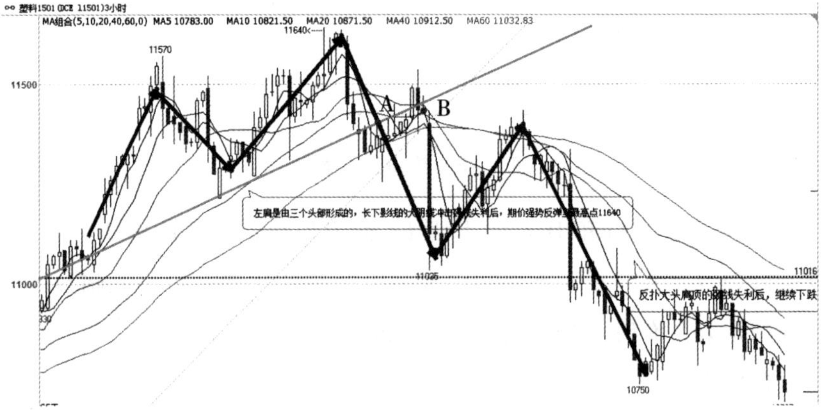

图 8－9　复合头肩顶

（三）头肩底

头肩底与头肩顶相反，是出现在跌势底部的反转形态，故也称倒头肩形（见图8－10）。除了在成交量方面与头肩顶有所区别外，其余可以说与头肩顶一样，只是方向正好相反。例如，上升改成下降，高点改成低点。

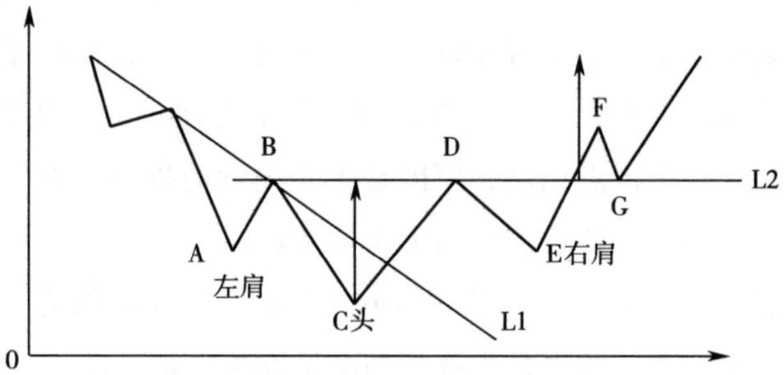

图8－10　头肩底示意图

头肩底与头肩顶最重要的区别是在形态后半部分的交易量上。在底部过程中，自最底部上冲时，应当具有较大的交易量。突破颈线的过程应具有更多交易量，若没有较大的成交量出现，可靠性将降低，或者会再跌回底部整理一段时间，积蓄买方力量才能上升。另外，在头肩底形态中，突破颈线后发生回抽的现象比较普遍。

双顶与双底

双顶与双底又称为“M头”和“W底”（见图8－11）。

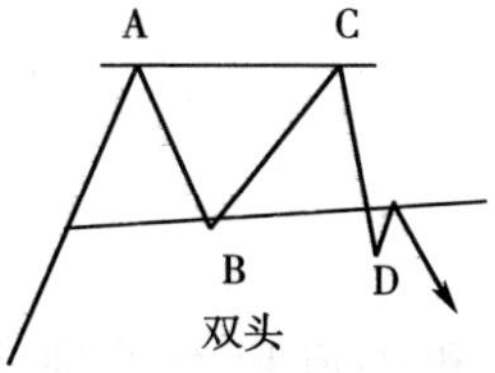

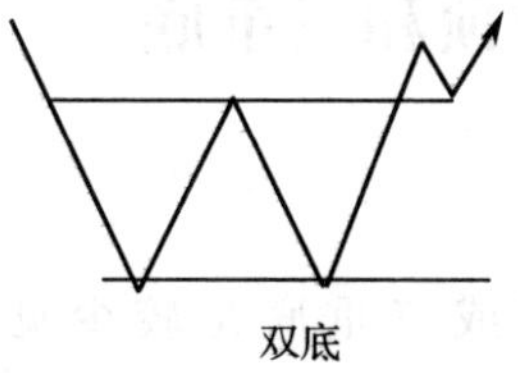

图8－11　双顶或双底示意图

双头图中，峰 A 和峰 C 处在大致相同的水平，通常，在第二个峰处交易量较小，而在向下突破时（点 D），交易量有所增加。回升反扑的现象并不罕见。最小测算目标是，从突破点起，向下投射出与形态高度相等的距离。

分析要点：

1. 双头的两个最高点并不一定在同一水平，二者相差小于 3% 是可接受的。通常来说，第二个头可能较第一个头高出一些，原因是看多的力量企图推动期价继续上升，可是却没法使期价上升超过 3% 的差距。双底的第二个低点较第一个低点稍高，原因是先知先觉的投资者在第二次回落时已开始买入，令期价没法再次跌回上次的低点。

2. 双头跌幅的度量方法是从颈线开始计起，最小跌幅为双头最高点至颈线之间的差价距离。双底最少涨幅的度量方法也是一样。

3. 形成第一个头部（或底部）时，其回落的低点在最高点的 10% ~ 20%（底部回升的幅度也相似）。

4. 双重顶（底）不一定都是反转信号，有时也会是整理形态，这要视两个波谷的时间差决定，两个高点（或两个低点）形成的时间较长，其有效性也较高。

5. 双头的两个高峰都有明显的高成交量，但第二个头部的成交量较第一个头部显著减少，反映出市场的购买力量已在转弱。双底第二个底部的成交量也十分“低沉”，但在突破颈线时，必须得到成交量激增的配合方可确认。双头跌破颈线时，无须成交量的上升也应该被信赖。

6. 通常，突破颈线后会出现短暂的反方向移动，这被称为反抽，反抽只要不突破颈线，形态依然有效。

三重顶和三重底

三重顶或三重底是较少见的形态，和头肩形态差别不大（见图

8－12）。其特征是三个峰的高度或三个谷的低度几乎一致。其目标值的测量方法与头肩形一样。

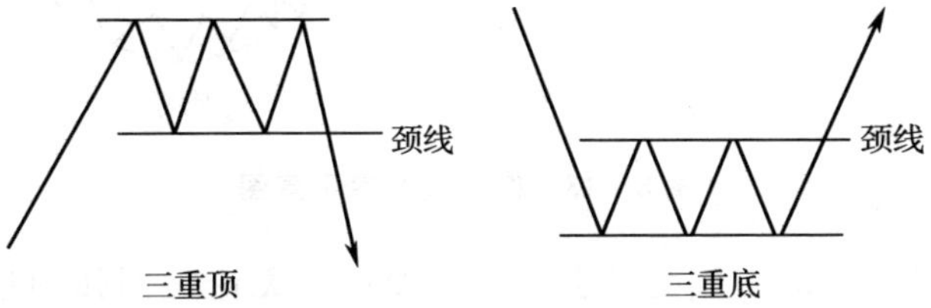

图 8－12　三重顶或三重底示意图

分析要点：

1. 各顶（底）之间的间隔距离与时间不必相等。

2. 三个顶点价格不必相等，大致相差 3% 以内就可以了。

3. 三重顶的第三个顶成交量非常小时，即显示出下跌的征兆，而三重底在第三个底部上升时，成交量大增，即显示出股价具有突破颈线的趋势。

4. 从理论上讲，三重底（三重顶）的最小涨幅（跌幅）与底部（顶部）的宽度有关，宽度愈宽，涨（跌）势愈强，涨（跌）幅也愈大。

反转形态的各种图形

（一）圆弧形反转

圆弧形有圆顶与圆底之分，圆底又称为碟形、碗形，圆顶又称为倒扣碟形、倒扣碗形（见图 8－13）。圆弧形在实际中出现的机会较少，但是一旦出现则是绝好的机会，它的反转深度和高度是不可测的，这一点同前面几种形态有一定区别。

图 8－13　圆顶或圆底示意图

在识别圆弧形时，成交量也是很重要的。无论是圆弧顶还是圆弧底，在它们的形成过程中，成交量的发展过程都是两头多、中间少，越靠近顶或底时成交量更少（圆弧底在达到底部时，成交量可能突然大一下，之后恢复正常）。在突破后的一段时间都有相当大的成交量。

圆弧形形成的时间越长，今后反转的力度就越强。

（二）V 形反转

V 形反转是所有反转形态中最难把握的一种形态（见图 8－14），由于事先通常没有什么迹象，而且来势凶猛，常常会给那些反应较慢或者认定以往趋势不改的交易者带来巨大损失。

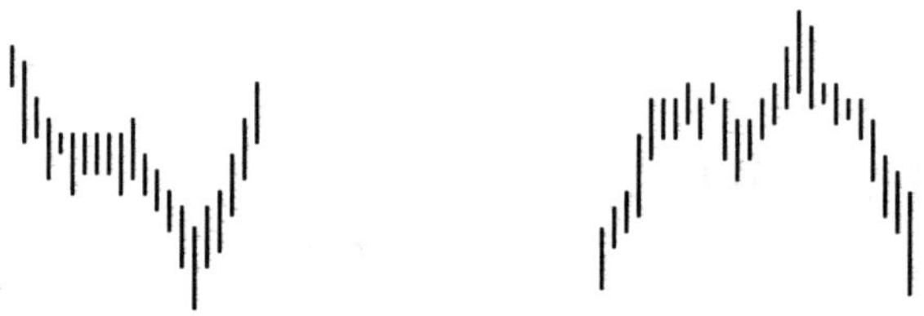

图 8－14　V 形顶或 V 形底示意图

V 形底出现之前，常常会在下跌之后形成一个中继平台，加速下跌又使下跌趋势似乎十分明显。然而，行情突然反过来了，以至于在图表上留下一个底部十分尖锐的 V 形轨迹。形成这个转势点的时间长则二三个交易日，短的甚至出现单日反转的情况，而转势点就在这个恐慌交易日中出现了。通常，在 V 形底的几个交易日中，交易量会非常大，持仓量也会相应增加。但在 V 形顶，成交量放大的同时持仓量变化不一定，大幅增加和大幅减少的情况都有。

（三）岛形反转

图8－15是头部形态的岛形反转。从图上可见，前期价格一路上涨，最后还留下跳空缺口，跳空之后，在高位盘整。突然，有一天，价格以跳空的形式向下突破。向下跳空缺口与前一个向上跳空缺口遥相呼应，使上面的盘整区形似一个孤岛，岛形反转的名称由此而来。

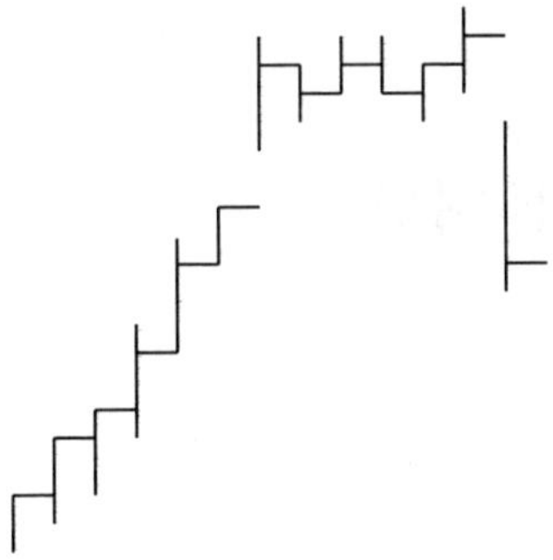

图8－15 岛形反转示意图

不难想到，如果上面的盘整区在一两个交易日内就完成，那整个图形就与V形反转差不多。有时在V形反转的图例中经常会同时出现岛形反转的情况。

（四）菱形反转

菱形因其形状而得名，有时也被称为钻石形（见图8－16）。菱形反转很少出现在底部，通常出现在中级下跌前的顶部或大量成交的顶点，是顶部反转形态。它的前半部分类似喇叭形，后半部分类似于对称三角形。当下侧的上升趋势线被向下突破时，本形态完成。预测下跌幅度为：从突破点起，至少下跌形态内最高点和最低点的垂直距离。

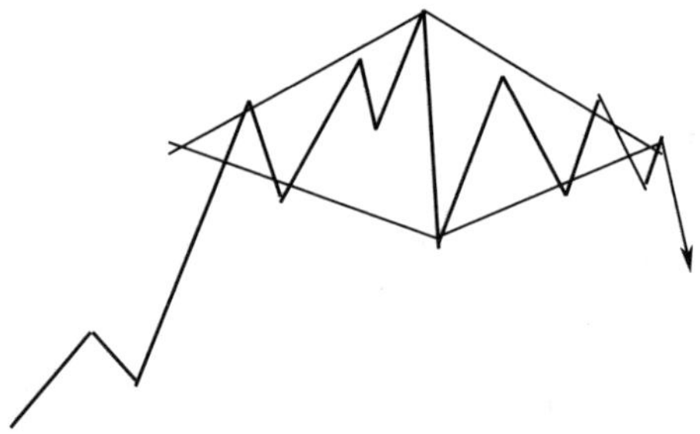

图 8－16　菱形反转示意图

整理形态的各种图形

（一）旗形

旗形分为上飘旗和下飘旗两种，上飘旗是看涨旗形，下飘旗则是看跌旗形。看涨旗形通常发生在价格急剧上升之后进入整理阶段。急剧上涨的价格走势犹如一根旗杆，而整理形态则是向下倾斜的矩形，犹如旗面。整理阶段，交易量应当日益萎缩。当价格向上突破时，交易量再度扩张。看涨旗形向上突破后，继续维持上涨局面，预测上涨幅度能够达到与旗杆相等的竖直距离。下降旗形与上升旗形一样，不过是方向相反而已，是下跌行情中的中继形态。

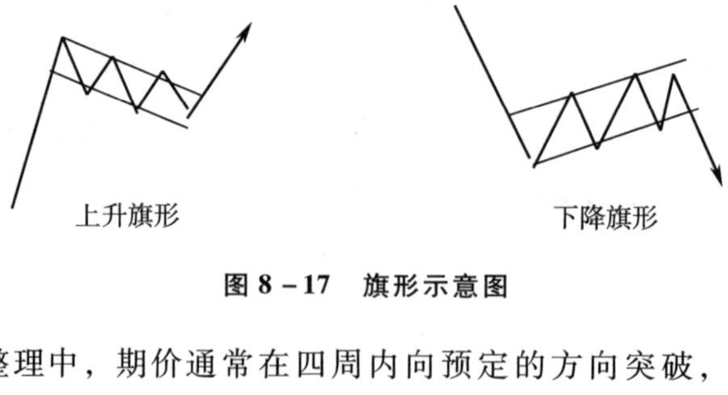

图 8－17　旗形示意图

在旗形整理中，期价通常在四周内向预定的方向突破，超出三周时，就应该特别小心，注意其变化。

（二）三角形

三角形也分上升三角形和下降三角形两种（见图 8－18）。上升三角形是价格上涨之后的整理状态，在整理中，三角形的上边线基本是水平的，但下边线则向上倾斜，显示“买气”越来越强，一旦带量突破压力线，期价恢复上涨，预测上涨幅度为三角形的高度。下降三角形的构成及预测效果与上升三角形基本一样，差别是往下突破时，即使没有大的成交量配合也可以成立。

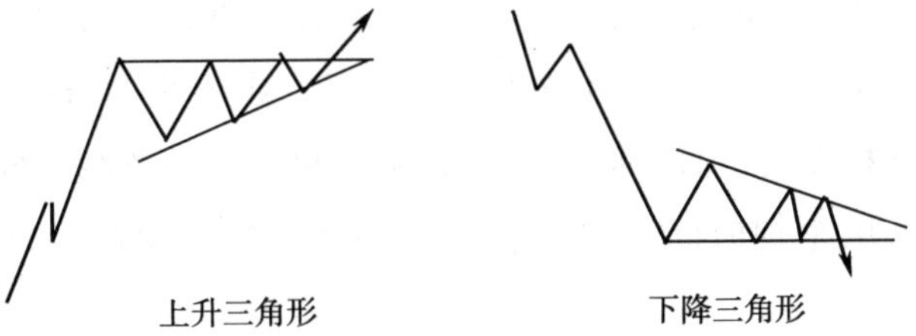

图 8－18　三角形示意图

需要注意的是：三角形虽属常见的行情中继整理形态，但有时也有朝相反方向发展的可能。

（三）矩形

矩形也是常见的行情中继整理形态，同样可分为看涨矩形和看跌矩形两种（见图 8－19）。矩形形成的过程中，除非有突发性的消息扰乱，其成交量应该是不断减少的。在看涨矩形中，当期价突破矩形上限的水平时，必须有成交量激增的配合；但在看跌矩形中，跌破下限水平时，不一定需要大成交量的配合。矩形在突破之后，期价通常会在两三日内出现反抽现象，但反抽通常将止于突破线。反抽确认后的矩形，其继续上升（下跌）的幅度与矩形的高度有关，上下波幅较大的矩形比狭长的矩形更具威力。

尽管矩形通常属于持续性形态，但是我们必须始终提防它演变成反转形态的蛛丝马迹，比如演化成三重顶（底）。

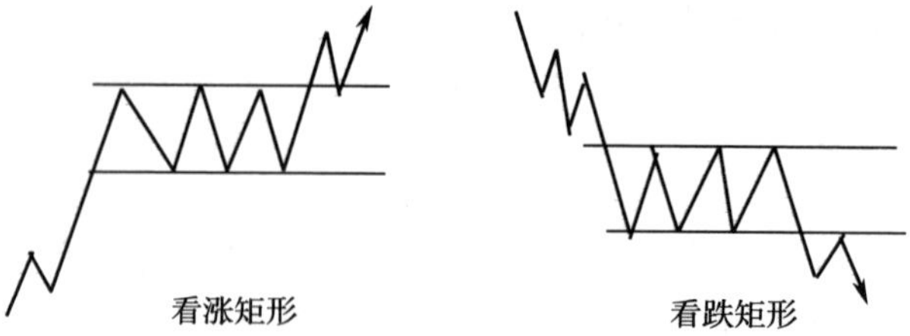

图 8－19　矩形示意图

（四）楔形

楔形也是常见的行情中继整理形态，同样可分为看涨楔形和看跌楔形两种。图 8－20 表示的是看涨楔形。从图形比较看，它与前面的旗形、三角形或矩形有相似之处。矩形是两条水平线，旗形是两条倾斜的平行线，三角形是两条相交线，而楔形则是在更远处相交的两条线形成的形态，如果行情在楔形中整理时间一直延长到尖端才突破，实际上就演变成了三角形。

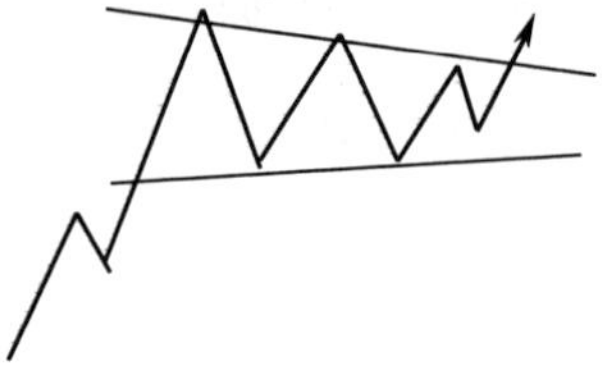

图 8－20　楔形示意图

同样，尽管楔形经常在持续行情中出现，但偶尔也可能出现在顶部或底部过程中。

形态判别的注意点

形态分析在技术分析中应用得较早，也是应用得比较广泛的一种方法。但尽管如此，能否被正确使用仍然是一个问题。

首先，形态分析中的各种图形会以不同面目出现，这就给正确识别带来一定的难度，而且同一图形，站在不同行情的级别上观测有可能产生不同的解释。例如，头肩形是反转形态，但有时若从更高级别的范围去观察，有可能成为中继持续形态。

其次，在形态完成之前，动手交易似乎太早，因为图形的转换随时可能发生，比如，双顶未有效击破颈线，价格又回升了，看看又像双底了。如果再来回折腾几下，又变成矩形整理行情了。若等待图形明朗化后再动手，又似乎太迟了，因为错过了不少机会。

再次，即使是非常经典的图形，也不过是历史经验的总结与归纳，不可能百分之百正确，出现反常的可能性是存在的。过分迷信有可能上当受骗。更值得注意的是，各种图形在不同品种中出现的概率也不一样，有些图形对某几个品种非常适用，对另一些品种的适用性可能不强。如果不分青红皂白地套用，失误率难免加大。这就提醒图形交易者，既要熟悉图形，也要熟悉所交易品种的历史情况。只有这样，才能提高图形的识别能力。

最后，一些交易者在应用时，只记住了图形的状态，忽略了相关交易量的要求，这也会增加识别或确认有关图形时的误差。

移动平均线

移动平均线是在收盘价平均计算的基础上做出的，首先是用最近 N 天的收盘价（偶尔也有人喜欢采用其他价格的）进行平均计算，计算方法大多为简单的算术平均（也有采用线性加权或指数加权平均的），得出 N 天的平均价；随计算日的推移，在图上不断标出新的平均价，并将其连起来就得到移动平均线。其中，N 是时间参数，如果 N 等于 5，就称为 5 天移动平均线，如果是 10 天，就称为 10 天移动平均线。如果 N 是 1 天呢，就是 1 天的移动平均线，能想得通吗，1 天移动平均线就是期货收盘价线。

移动平均线具有下列特性：

1. 移动平均线具有追踪趋势的特点。价格接连上涨后，新的平均数会逐渐增大，移动平均线上升；价格连续下跌，新的平均数会逐渐变小，移动平均线下降。

2. 移动平均线具有平稳性特点。由于消除了偶然因素导致的价格波动，移动平均线不会像价格曲线那样突上突下，而是呈现出比较平滑的状态。时间越长的移动平均线，其平稳性就越好，比如，50 天的移动平均线肯定比 10 天的移动平均线更平稳。

3. 移动平均线具有滞后性特点。这一特点是与平稳性特点伴生的。当期价发生反转时，移动平均线特别是长期移动平均线所反映的市况往往过于迟缓，调头速度落后于趋势。

期价与平均线的关系——葛兰维八法

期价的变动远比移动平均线积极，有时在移动平均线的上方，有时则在下方。葛兰维在研究期价与移动平均线之间的关系时，提出了可以操作的八种情况。其中，四种可以买进的情况如图 8 - 21 所示。

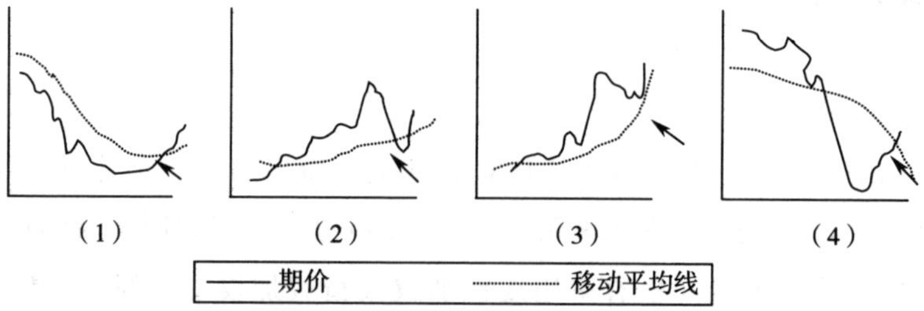

图 8 - 21　葛兰维法则中的买进情形

1. 移动平均线在下降逐渐转为盘局或上升，而期价从平均线下方突破平均线。

2. 期价虽然跌破平均线，但又立刻回升到平均线上，此时平均线仍然持续上升。

3. 期价走在平均线上，期价下跌并未跌破平均线且立刻反转上升。

4. 期价突然暴跌，跌破平均线，且远离平均线，则有可能反弹上升。

四种可以卖出的情况如图 8－22 所示。

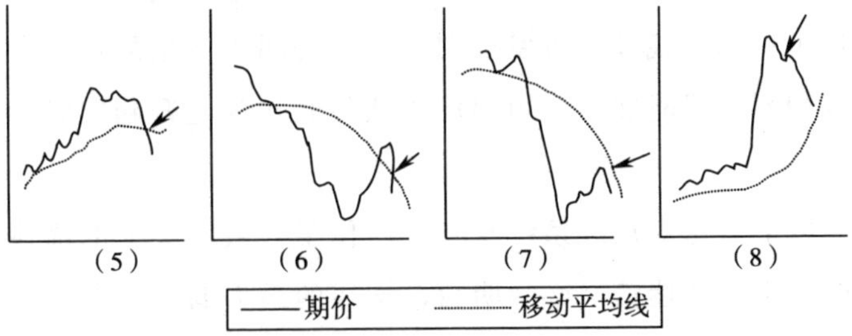

图 8－22 葛兰维法则中的卖出情形

1. 移动平均线从上升逐渐转为盘局或下跌，期价向下跌破平均线。

2. 期价虽然向上突破平均线，但又立刻回跌至平均线以下，此时平均线仍然持续下降。

3. 期价在平均线下，期价上升未突破平均线且立刻反转下跌。

4. 期价突然暴涨，且远离平均线，则有可能回调下跌。

多根移动平均线的判断方法

葛兰维八法考虑的是期价和移动平均线的关系，实际上，它就是均线与均线的关系，只不过其中的一根均线是一天的移动平均线而已。

多根平均线判市，是指采用两根或两根以上不同时间参数的均线，利用这些均线之间的相互关系来判断后市。

在牛市中，移动平均线的组合通常呈现出向上发散的状态，短期均线在中期均线之上，中期均线又在长期均线之上，这就是所谓的多头排列；反之，在熊市中，呈现出向下发散的状态，称为空头排列。

短期平均线变动较为迅速，长期平均线变动缓慢。当短期线急剧超越中长期线向上方移动时，为买进信号；当期价位于最上方且均线发散向上，表明行情仍处于上升趋势，可继续持仓；当上涨行情持续一段时间后，短期均线从停滞状态的高点出现下降趋势时，表明期价开始走软，这是卖出的信号；当短期均线从高位依次向下突破中长期均线时，这是最后的清仓时机了；当均线及期价发散向下时，表明为典型的弱势行情；当弱势行情持续相当一段时间后，短期均线从谷底转为上升趋向时，又是买进的时机了。

注意，以上只是对均线系统及其作用作了一般意义上的描述，在具体指导交易时，也不能迷信。必须明白，均线的最大弱点是滞后于行情，根据均线系统信号进行交易，不仅有可能错失时机，还有可能因为回调或反弹而受套。另外，交易者在应用均线理论时不仅应该知道其一般规律，还应该在均线的参数设定上仔细琢磨。因为不同的品种有不同的特性，适合这一品种的一套参数对另一个品种不一定适合。

图 8－23 为白糖 2205 合约 2019 年 7 月至 2020 年 12 月的连续日 K 线图，其中六条均线的参数分别为 5 天、10 天、20 天、30 天、50 天和 90 天。

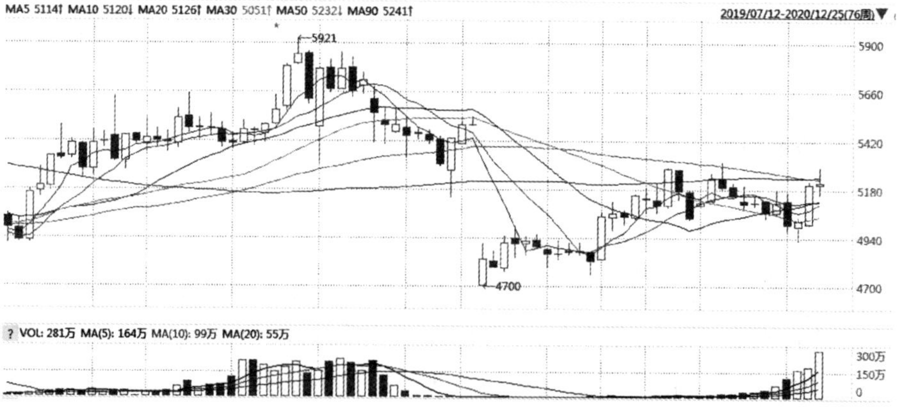

图 8－23　多根移动平均线

指数平滑移动平均线（MACD）

指数平滑移动平均线的英文名称为 Moving Average Convergence and Divergence。其原理是运用快、慢速移动平均线聚合与分离的功能，加以移动平滑运算，用以研判买卖时机和信号。

EMA（12）为 12 天的指数移动平均值，EMA（26）为 26 天的指数移动平均值，前者为快速移动平均线，后者为慢速移动平均线。两数值间的差离值（DIF）为：DIF = EMA（12） - EMA（26）。将 9 天的 DIF 平均后就得到 DEA 数值。其中 12、26 和 9 都是参数。此外，在分析软件上还有一个指标叫柱状线（BAR）：BAR = 2 ×（DIF - DEA）。

当 DIF 为正值时，意味着短期均线在长期均线上方；反之，则是短期均线在长期均线下方。而 DIF 与 DEA 的关系就如期价与平均线的关系一样。由此，得出下列判断市场行情的方法：

1. DIF 与 DEA 为正值时（图上判别是在 0 轴线之上），为多头市场。DIF 向上突破 DEA（图中 BAR 线向上）为买进信号；DIF 向下跌破 DEA，则为回调。

2. DIF 与 DEA 为负值时（图上判别是在 0 轴线之下），为空头市场。DIF 向下跌破 DEA 为卖出信号（图中 BAR 线向下）；DIF 向上突破 DEA，则为反弹。

3. 背离信号。所谓“背离”，即在 K 线图或条形图上，价位呈现一头比一头高的头部，但 DIF 却呈现一头比一头低的头部，这叫作顶背离，顶背离表明涨势难以持久，跌势即将开始。同样，在下跌行情中，若出现底背离，意味着跌势难以持久。

MACD 的缺点与平均线一样，有滞后效应。另外，当市场呈盘整格局时，失误的判断较多。因而，在交易中，应该注意与其他分析指标结合使用，以达到取长补短的功效。

图 8－24 为郑商所 PTA 某月份合约的连续日 K 线图，图中可见到一个在低位出现的底背离（实线）和另一个在高位出现的顶背离（虚线）。指标参数分别为 12、26 和 9。

图 8－24　指数平滑移动平均线（MACD）

相对强弱指标（RSI）

相对强弱指标（RSI）是威尔德发明的分析工具。在期市中，多空双方的气势很重要，一定程度上它可以决定市场走向。相对强弱指标就是反映市场气势强弱的指标。其计算方式为：确定参数，常用参数为 14 天；取最近 15 天的收盘价，每一个减去上一天的收盘价，得到 14 个数字；14 个数字中的正数（上涨幅度）之和相加，以 A 为代表，14 个数字中的负数（下跌幅度）之和相加，取其正值以 B 为代表；$RSI = 100 \times \frac{A}{A+B}$；$\frac{A}{A+B}$的含义为上涨幅度在全部涨跌幅中的比例，乘以 100 后，总落在 0 和 100 之间。

通常判断市场行情的法则为：50 到 80 为强势，应该买；20 到 50 为弱势，应该卖；80 以上是超买区，鉴于物极必反的原理，不能买而应卖；同样，20 以下是超卖区，不能卖而应买。

另一个常用方法是观察是否有背离现象出现。当价格创新高，RSI 值未创新高，是由涨转跌的信号；当价格创新低，RSI 值未创新低，是由跌转涨的信号。

还有一个运用方法是观察快速 RSI 与慢速 RSI 的相对关系，所谓快速 RSI，是指参数比较小的 RSI。当快速 RSI 由下往上突破慢速 RSI 时，为买进时机；当快速 RSI 由上往下跌破慢速 RSI 时，为卖出时机。而当快速 RSI 与慢速 RSI 之间的距离过远时，短期 RSI 有向长期 RSI 靠拢的倾向。

应用中应该注意的事项为：

1. 超买区和超卖区是模糊概念，大牛市或大熊市中，超买后再超买，超卖后再超卖，并不罕见，而 RSI 指标在这些区域往往出现钝化现象，从而失去作用，不能据此轻易做反向操作。

2. 背离信号是滞后的，有时背离一两次后才真正反转，背离之后行情不反转也可能发生。

因而，RSI 不应作为独立指标使用。另外，参数的取值也有讲究。

图 8－25 为棕榈油某月份合约的连续日 K 线图，RSI 的参数值为 14，从图中可见，A 点与 B 点的连线和 A′点与 B′点的连线在底部出现了底背离（实线），期价出现了两次价格相差不大的低点，但 RSI 指数却在低位抬

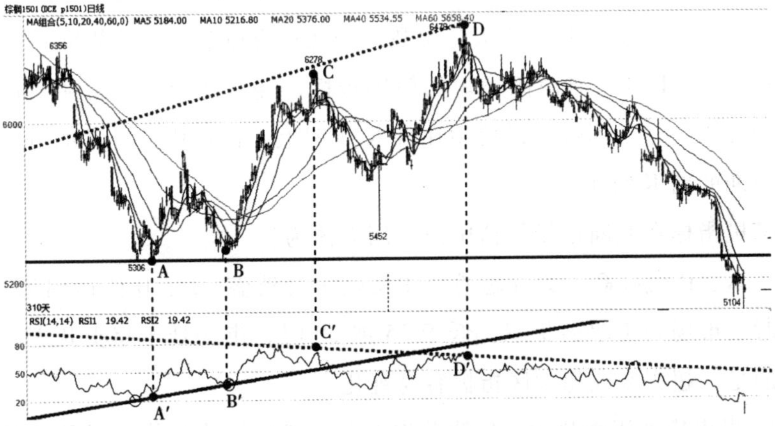

图 8－25　相对强弱指标（RSI）

升，第二个低点要远高于第一个低点，底背离形成后，期价有不小涨幅。C 点与 D 点的连线和 C′点和 D′点在顶部出现了顶背离（虚线），后续行情出现了不小跌幅。

随机指标（KD）

KD 线原名随机指标，为乔治·蓝恩博士所发明，是一个很实用的技术分析指标，其核心由未成熟随机值（RSV）构成。

假设 n 为计算周期（通常以 9 天为一周期），H_n 和 L_n 分别为周期内最高价和最低价，C_n 为当日收盘价，则 $RSV = 100 \times \frac{C_n - L_n}{H_n - L_n}$。公式的含义是当日收盘价处于周期内最高价和最低价差幅的相对比例，由于乘上了 100，所以，当日收盘价越高，则计算所得数字越高，离 100 就越近。比如，当日收盘价正好是周期内的最高价，则所得数字就是 100；反之，当日收盘价越低，则计算所得数字越小，离 0 就越近。比如，当日收盘价正好是周期内的最低价，则所得数字就是 0。有了 RSV 后，就可以算出相应的 K 值和 D 值了。将最近 3 天的 RSV 平均后就是 K 值，再将最近 3 天的 K 值平均后就是 D 值，其中数字 3 天是参数，当然也可以取另外的数字。

指标 K、D 是一种时间较短的敏感指标，经常能给出非常明显的买进信号和卖出信号，不仅可以使用在日 K 线图上，也可用在日常的分时图或较长周期的周 K 线图上。

随机指标在判断市场行情中的应用大体为：

1. K、D 值越高，买气越盛；相反则卖气越盛。K、D 值达到 75 或 80 以上时，市场处于超买状态，低于 25 或 20 时，市场处于超卖状态。但要注意的是，超买区或超卖区指标容易钝化。

2. 当市场处于涨势中，K 线首先上升，然后带动 D 线。当 K 线从下穿过 D 线时，应买入合约，但是买入的安全区是在 K、D 值的低位。同样，当市场处于跌势，K 线先下跌，其次是 D 线。当 K 线从上向下穿过 D 线时，应卖出合约。但是卖出的安全区是在 K、D 值的高位。

3. 利用背离信号进行操作买卖。具体方法与前面介绍的 RSI、MACD 差不多。

图 8－26 是 PTA 某月份合约的日 K 线图。从图中可见，PTA 期价在一段时间形成了三个高点 A 点、B 点、C 点，逐级走高，但下面的 KD 指标上的三个点 A′点 B′点和 C′点却一波低于一波，一路下行，形成顶背离，后市 PTA 跌幅较大，跌了近 500 点。

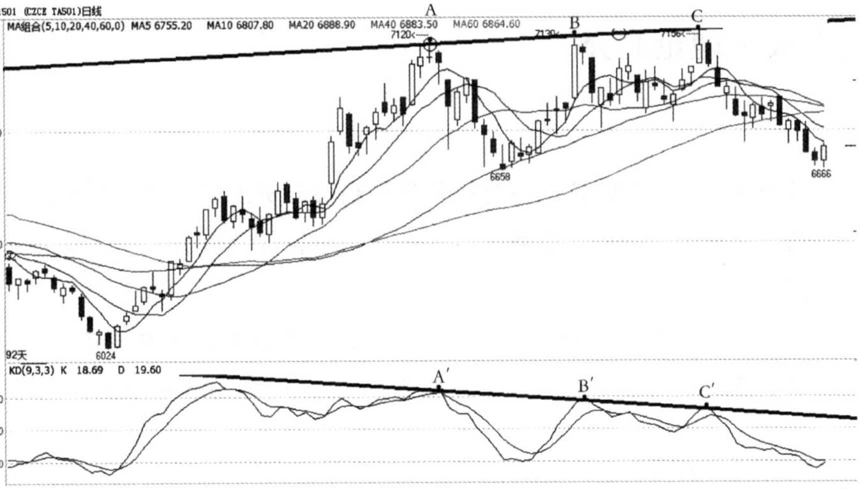

图 8－26　随机指标（KD）

技术分析法的优势与缺陷

技术分析法的优势是：利用各种图表，免去收集资料之苦。由于图表集中反映各种因素，对交易者来说，不仅非常直观，而且具有客观性，图表上的买入卖出信号并不随人的主观意愿而改变。通过参考期价历史走势来判断当前行情，能够给投资者一定的前瞻性指导，使其能够顺应趋势操作。

技术分析法的缺陷是：并不是一整套环环相扣的理论体系，不具备严格的科学特征，带有明显的经验性和一定的主观色彩；各种指标都是处理后的结果，这将导致原始信息有所损失；滞后性也使指标信号较行情迟缓一大截；有时会出现技术陷阱，再加上不可能有完全相同的情况重复出现，出现的差异有可能使投资者判断失误；技术分析的方法在不断变换，当大多数人都在使用这些方法时，这些方法很容易失效。

波浪理论简介

波浪理论是由艾略特发明的一种价格趋势分析工具，主要是根据周期循环的波动规律来分析和预测期价的走势。内容涉及形态、比例及时间三个方面。

其基本形态为：期价经历 5 浪上升后，接着会出现 3 浪下降。如此 8 浪构成期价变动的一个循环。上升 5 浪中，1、3、5 浪为顺势浪，2、4 则为回调浪；下降 3 浪中，a、c 为顺势浪，b 浪为反弹浪。上升浪中，第 3 浪是主升浪，幅度最大；第 4 浪是回调浪，回调浪下跌的深度不低于第 1 浪的浪顶。

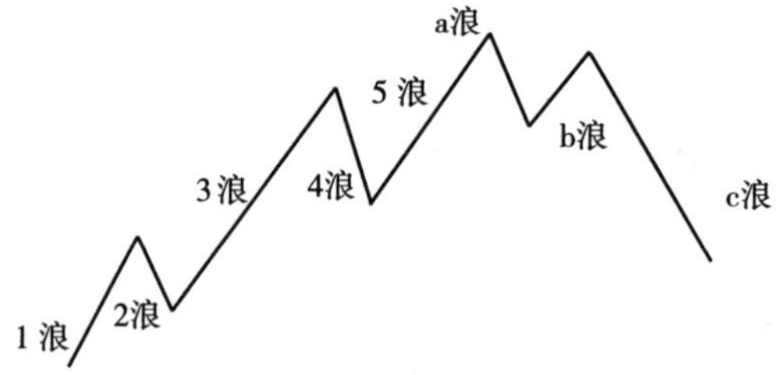

图 8－27　波浪理论示意图

波浪理论除了考虑价格走势的形态外，还对走势图中各个高低点位置比例进行研究，比如，通过测算各个波浪之间的相互关系，来确定回撤点和价格目标。其中，菲波纳切数字（常见的黄金分割数字 0.382、0.5、0.618、1.618 等都与菲波纳切数字有关）被大量应用。

波浪理论还对完成某个形态所需的时间进行了研究。其通常的做法是利用菲波纳切数字 1、2、3、5、8、13、21、34、55、89……来寻找行情发生转折的时间点。比如，在日 K 线图上，从重要的转折点出发，向后数到某个菲波纳切交易日，预期未来的顶或底就出现在这些“菲波纳切日”上。该做法也可应用在周 K 线图、月 K 线图，甚至年 K 线图上。

波浪理论是一套主观性较强的分析工具。在具体应用上难度不小。

单看波浪结构，似乎很清晰，但问题在于应该站在什么尺度上看。比如，当你往小里看时，每个浪其实都是由更小的波浪组成的；再比如，按波浪理论解释，每个顺势浪都有 5 个更小的浪组成，每个逆势浪都有 3 个更小的浪组成，这样，原来的 8 浪就可分解为 34 个小浪了。当你往大处看时，这 8 浪又变成一个上升浪和一个下跌浪，成为更大级别波浪中的一部分。艾略特把趋势的规模划分成 9 个层次，上可覆盖 200 年的超长周期，下至仅仅延续数小时的微小尺度。

其实，这还不是最难的，更难的是由于实际走势不可能这么中规中矩，当出现异常时，波浪理论会以延伸浪或 X 浪来解释，比如行情走出了第 7 浪甚至第 9 浪，这就是延伸浪，而在调整期间，有些浪与前后浪的关系无法说清，就命名为 X 浪。

由此，不难想到，交易者在应用波浪理论时，要确定目前的走势属于哪一个层次的哪一个浪并非易事。主浪的变形和调整浪的变形会产生复杂多变的形态，波浪所处的层次又会产生大浪套小浪、浪中有浪的多层次形态，这些都会引发数浪时的偏差。事实上，面对同一个形态，由于确定波浪的层次和起始点不一样，不同的波浪专家也会产生不同的数法，而且，谁也说服不了谁。最后仍旧陷入大家来猜谜的格局。

波浪理论最早是针对股指进行研究的，股指走势图可以有几十年甚至上百年的连续图。由于单个期货合约都有到期日，时间展开有限，因而即使在期货中应用波浪理论，也应该少用单个月份合约的 K 线图，采用整个期货品种价格连续图可以减少分析误差。

江恩理论简介

江恩理论与波浪理论一样，也是一个内容很多且自成体系的理论，市面上专门介绍这两个理论的书籍并不少见。

江恩理论是以美国投资家威廉姆·江恩（Willian D. Gann）的名字命名的，也有译为甘氏理论的。其主要分析方法有江恩历法、江恩矩阵、江恩角度线及江恩轮中轮，用以推测价格的顶、底以及可能到达的时间。推崇者通常都会举出很多例子来说明其具有神奇功效。

但是，在实际应用中仍旧有不少难度。由于江恩数和江恩线很多，事后看好像总在某个数或某根线附近，但问题在于事先是无法预知的。所以，在利用江恩理论时，这些数字和线可以参考但不能迷信。

技术分析在股市与期市中的差异

拥有股票交易经验的人在阅读上述介绍时，肯定会想到，这与股市中的技术分析差不多啊！的确，两者非但有相像之处，而且其中不少内容直接就是从股市中移植过来的。然而，即便如此，两者在应用上仍旧有不少差异。

首先，期货交易的交易周期远比股票交易的交易周期短。期货交易者必须密切关注市场的一举一动。股市分析者喜欢更长时间的图表，研究更长时间的问题。他们也许要预测 3 个月或半年后的市场。期货交易者想知道的则是下周、明天乃至下半天的形势如何。由此，期货交易中的技术分析更重视短期内适用交易的工具。比如，股票交易中 50 或 200 天均线最受重视，但在期货交易中，大多数平均线在 50 天以下，最流行的组合是 4

天、9 天和 18 天均线。

其次，期货交易中，选择出入时机比在股票市场重要得多。期货交易中，入市时间相差一天，有时甚至仅几分钟，成败结果可能就截然不同。基本面因素不会天天有变，时机抉择主要依赖技术分析。因而，在期货交易的技术分析中，非常注重时机抉择的工具。

最后，股市分析中有一些方法对期货交易不适用。比如，股市分析对股指的依赖性很强，但在商品期货交易中，尽管也有一些代表商品市场总体价格的指数，但它们没有股票指数那样重要。又如，股市分析中经常运用情绪指标和资金流分析工具，但这些在期货交易中用处不大。比如，相反理论在股市分析中很重要，但在期货市场中很难实际应用。相比较而言，期货市场中的技术分析是更纯粹的价格分析，应用的更多的还是趋势分析以及一些传统技术指标。

第九章

期权交易

2015年2月9日我国推出第一个金融期权上证50ETF期权，是首个在交易所挂牌交易的标准化期权。2017年3月和4月豆粕期权和白糖期权分别在大商所和郑商所成功上市；2018年9月上期所正式上市我国首个工业品商品期权——铜期权，这些期权的陆续上市开启了中国商品期权市场新局面。其后，我国期权品种上市加快，期权市场规模快速壮大，期权市场愈发成熟。目前，我国共上市20多个期权品种，包括ETF期权、商品期货期权和股指期权，已覆盖金融、农产品、能化、黑色金属、有色金属、贵金属等板块，受众面越来越大，为投资者提供了更多的投资与风险对冲工具。可以预见，在不远的将来我国期权市场还将进一步扩容，未来将有更多的ETF、指数、商品乃至个股期权品种上市。本章将对期权交易的概念、类型及基本原理进行介绍。

何谓期权

期权（Option）是指某一标的物的买卖权或选择权。拥有了权利就拥有了在某一限定时期内按某一指定的价格买进或卖出某一特定商品或合约的权利。这种权利是买进者拥有的一种权利，并非一种义务。

期权具有以下特点：

期权买方要想获得权利必须向卖方支付一定数量的费用；

期权买方取得的权利是在未来的，或在未来一段时间内，或在未来某一特定日期；

期权买方在未来的买卖标的物是特定的；

期权买方在未来买卖标的物的价格是事先确定的；

期权买方可以买进标的物，也可以卖出标的物；

期权买方取得的是买卖的权利，而不负有必须买进或卖出的义务。买方有执行的权利，也有不执行的权利，可以灵活选择。买方选择执行被称为行权。

买方拥有权利并为此支付权利金，风险仅限于所支付的权利金，却掌握巨大的获利潜力。

看涨期权与看跌期权

从买方的权利来划分，期权可分为看涨期权和看跌期权两种不同类型。看涨期权和看跌期权是投资者在交易时必须选择的。

（一）看涨期权

看涨期权（Call Option），是指期权的买方向卖方支付一定数额的权利金后，即拥有在期权合约的有效期内，按执行价格向看涨期权卖方买入一定数量标的物的权利，但不负有必须买进的义务。

看涨期权是一种买的权利，买方只是在判断后市看涨时才会买进看涨期权。

看涨期权又称为买权、买入选择权或认购期权，有的干脆简称为“涨权”。

（二）看跌期权

看跌期权（Put Option），是指期权的买方向卖方支付一定数额的权利金后，即拥有在期权合约的有效期内，按执行价格向期权卖方卖出一定数量的标的物，但不负有必须卖出的义务。

看跌期权是一种卖的权利，买方对后市看跌时才会使用看跌期权。

看跌期权又称为卖权、卖出选择权或认沽期权，有的干脆简称为“跌权”。

现货期权与期货期权

期权买方拥有在某一限定时期内按某一指定价格买进或卖出某一特定商品或合约的权利。其中，“特定商品或合约”实际上就是可以买卖的标的物。

按期权合约的标的物不同，期权可分为现货期权和期货期权。

【例】 铜现货期权与铜期货期权。

情景 A：3 月 15 日，甲乙双方约定，乙方向甲方购买一个 7 月 15 日到期的铜看涨期权，敲定价格为 52000 元/吨，权利金为 1000 元/吨，数量为

10 吨。

情景 B：3 月 15 日，甲乙双方约定，乙方向甲方购买一个上海期货交易所 7 月铜期货合约的看涨期权，敲定价格为 52000 元/吨，权利金为 1000 元/吨，数量为 2 手合约（10 吨）。

初看上去，A、B 两种情景最终涉及的标的物似乎都是铜，但实际上还是有很大差别的。

不妨假设一下到期铜价上涨，乙方提出要求行使权利的状况。在情景 A 中，乙方按每吨 52000 元共计 52 万元付给甲方，甲方必须交给乙方 10 吨铜。在情景 B 中却是甲方必须卖给乙方 2 手上海期货交易所 7 月铜期货合约，成交价按每吨 52000 元计。情景 B 执行完毕后的格局是：乙方持有 2 手上海期货交易所 7 月铜期货合约买单，甲方持有 2 手上海期货交易所 7 月铜期货合约卖单。

两者的差别是明显的，在情景 A 中，双方实际交割的是现货铜，而在情景 B 中，双方实际交割的是铜期货合约。一个是现货，一个是期货。于是，前者就称为现货期权，后者称为期货期权。

目前国内各交易所推出的期权交易中，上海证券交易所股票 ETF 期权以及中金所的股指期权都是现货期权，而其他三家期货交易所推出的都是期货期权。

欧式期权与美式期权

期权买方取得的权利是在未来的。“未来”的含义可以有两种，一是未来某一特定日期（到期日）可以选择行权或不行权，另一个是未来某一特定日期（到期日）之前的任何一天都可以选择行权或不行权。前一种期权称为欧式期权（European Options），后一种期权称为美式期权（American Options）。

欧式与美式，是按照买方行使期权的期限来划分的，与名称中的地理位置无关。事实上，在美国也有采用欧式期权的，在欧洲也有采用美式期权的。从实际分布情况看，在场外期权交易中，通常以欧式期权为主，而在场内期权交易中，有很多品种是以美式期权方式出现的。

目前国内各交易所推出的期权交易中，上海证券交易所的股票 ETF 期权以及中金所的股指期权都是欧式期权，而其他三家期货交易所推出的都是美式期权。

不难想到，对期权买方而言，美式期权似乎比欧式期权更有利，因为买方可以根据市场行情的变动和自己的实际需要灵活选择行使权利的时间。对卖方而言，似乎意味着更大的风险，因为他必须随时为履约做好准备。

现金交割与实物交割

按照期权的定义，买进欧式期权者在到期时可以做出行权选择，买进美式期权者在到期前可以做出行权选择，若标的物的市场价有利于自己时自然会提出履约即交割。比如，对买进看涨期权者而言，若在到期日标的物市场价高于指定的行权价，买方提出交割对己是有利的；对买进看跌期权者而言，若交割时标的物市场价低于指定的行权价，期权买方提出交割对己也是有利的。

事实上，在交割时有两种不同形式。一是实物交割，即买方行权时，期权交易双方以期权合约标的物进行实际买卖。比如，在期货期权中，买进行权价 3500 元/吨的豆粕看涨期货期权，到期日的豆粕期货价为 3800 元/吨，则进行实物交割就是得到买进价 3500 元/吨的期货合约。又如，买进行权价 1.70 元的 ETF 看跌期权，到期日的 ETF 市场价为 1.50 元，则进行实物交割就是将 ETF 按 1.70 元的价格交付给对方。

交割的另一种方式为现金交割，是指期权买卖双方仅对交割时标的物价格与行权价之间的差额进行现金结算。中金所的股指期权就采用现金交割方式，现金交割的结算价与股指期货的结算价相同。

期权合约的要素

表9－1为大连商品交易所豆粕期货期权合约，针对这个合约我们可以看一下期权合约包含哪些要素。

表9－1 大连商品交易所豆粕期货期权合约

项目	内容
合约标的物	豆粕期货合约
合约类型	看涨期权、看跌期权
交易单位	1手（10吨）豆粕期货合约
报价单位	元（人民币）/吨
最小变动价位	0.5元/吨
涨跌停板幅度	与豆粕期货合约涨跌停板幅度相同
合约月份	1、3、5、7、8、9、11、12月
交易时间	每周一至周五上午9:00～11:30、下午13:30～15:00，以及交易所规定的其他时间
最后交易日	标的期货合约交割月份前一个月的第5个交易日
到期日	同最后交易日
行权价格	行权价格范围覆盖豆粕期货合约上一交易日结算价上下浮动1.5倍当日涨跌停板幅度对应的价格范围。行权价格≤2000元/吨，行权价格间距为25元/吨；2000元/吨＜行权价格≤5000元/吨，行权价格间距为50元/吨；行权价格＞5000元/吨，行权价格间距为100元/吨
行权方式	美式。买方可以在到期日之前任一交易日的交易时间，以及到期日15:30之前提出行权申请
交易代码	看涨期权：M－合约月份－C－行权价格 看跌期权：M－合约月份－P－行权价格
上市交易所	大连商品交易所

注：日盘交易分三个交易小节，分别为第一节9:00～10:15、第二节10:30～11:30和第三节13:30～15:00；本品种已开展夜盘交易，夜盘交易时间为21:00～23:00。

合约主要条款说明：

（一）标的物

标的物为豆粕期货合约。

（二）合约类型

合约类型分为看涨期权和看跌期权。

（三）交易单位和报价单位

合约交易单位为1手（10吨）豆粕期货合约；报价单位为元（人民币）/吨。

（四）最小变动价位和涨跌停板幅度

最小变动价位为0.5元/吨；涨跌停板幅度与豆粕期货合约涨跌停板幅度相同。

（五）合约月份

合约月份为1、3、5、7、8、9、11、12月。

（六）交易时间、最后交易日和到期日

合约交易时间为每周一至周五上午9:00~11:30、下午13:30~15:00，以及交易所规定的其他时间；合约最后交易日和到期日均为标的期货合约交割月份前一个月的第5个交易日。

（七）行权价格

豆粕期权行权价格范围覆盖豆粕期货合约上一交易日结算价上下浮动1.5倍当日涨跌停板幅度对应的价格范围。行权价格≤2000元/吨，行权价格间距为25元/吨；2000元/吨<行权价格≤5000元/吨，行权价格间距为50元/吨；行权价格>5000元/吨，行权价格间距为100元/吨。

（八）行权方式

豆粕期货期权为美式期权；买方可以在到期日之前任一交易日的交易时间，以及到期日 15：30 之前提出行权申请。

（九）交易代码

看涨期权：M－合约月份－C－行权价格；看跌期权：M－合约月份－P－行权价格。

实值、虚值和平值

实值、虚值和平值是按标的物市场价与行权价之间的关系划分的。

（一）实值期权

当看涨期权的行权价低于当时标的物市场价时，对期权的买方是有利的。这种期权被称为实值期权（in－the－money），也有将“in－the－money”译作“价内期权”的，两者并无差别。比如，沪深 300 股指看涨期权的行权价为 2700 点，而目前沪深 300 股指为 2750 点。显然，此时对期权的买方是有利的，因为假定目前可以行使权利，即相当于可以按 2700 点的价格买进，立即按现在的市场价卖出，将实现 2750－2700＝50 点的盈利。

当看涨期权的行权价远远低于当时标的物的市场价格时，该期权称为深度实值期权（deep－in－the－money）。

当看跌期权的行权价高于当时标的物市场价时，对期权的买方是有利的。这种期权也是实值期权。同样，当看跌期权的行权价远高于当时标的物价格时，该期权称为深度实值期权。比如，沪深 300 股指看跌期权合约中的行权价为 2700 点，而目前沪深 300 股指为 2550 点。显然，此时对期权的买方是有利的，因为假定目前可以行使权利，即相当于按 2700 点的价格卖出，立即按现在的市场价买入进行对冲，将实现 2700 - 2550 = 150 点的盈利。

（二）虚值期权

当看涨期权的行权价高于当时的市场价格时，期权的买方行权是不利的，这种期权被称为虚值期权（out - of - the - money），也有将“out - of - the - money”译作“价外期权”的，两者并无差别。当看涨期权的行权价远高于当时标的物的市场价格时，该期权称为深度虚值期权（deep - out - of - the - money）。比如，沪深 300 股指看涨期权合约中的行权价为 2700 点，而目前沪深 300 股指为 2550 点。显然，期权的买方如果在此时行使权利是不合算的，因为如果行使权利，买进价为 2700 点，还不如直接在市场上按市场价买进，可以节省 2700 - 2550 = 150 点。因而，在此时期权的买方不会行使权利。

当看跌期权的行权价低于标的物当时的市场价格时，期权的买方行使执行权是不利的，这种期权也是虚值期权。同样，当看跌期权的行权价远高于当时标的物价格时，该期权称为深度虚值期权。比如，沪深 300 股指看跌期权合约中的行权价为 2700 点，而目前沪深 300 股指为 2800 点。显然，期权的买方如果在此时行使权利是不合算的，因为如果行使权利，卖出价格为 2700 点，还不如直接在市场上按市场价卖出，可以多卖 2800 - 2700 = 100 点。因而，此时期权的买方不会行使权利。

（三）平值期权（at - the - money）

无论看涨期权还是看跌期权，当执行价格等于标的物当时的市场价格时，该期权就是平值期权（at - the - money），也有将“at - the - money”译为两平期权的。

上述各种情况，可归纳如表 9 - 2 所示。

表 9-2 实值期权、虚值期权与平值期权

种类	看涨期权	看跌期权
实值期权	标的物市场价格 > 期权执行价格	标的物市场价格 < 期权执行价格
虚值期权	标的物市场价格 < 期权执行价格	标的物市场价格 > 期权执行价格
平值期权	标的物市场价格 = 期权执行价格	标的物市场价格 = 期权执行价格

注意：实值期权、虚值期权和平值期权的命名都是站在期权买方的立场上，按当时行权是否对买方有利而划分的。如果某个看涨期权处于实值状态，行权价和标的物相同的看跌期权一定处于虚值状态；反之亦然。

期权的内涵价值和时间价值

从理论角度分析，期权的价格可以分解成内涵价值（Intrinsic Value）和时间价值（Time Value）两个部分，也有将“内涵价值”译为“内在价值”的。若用公式表示即是：期权价格 = 内涵价值 + 时间价值（见图 9-1）。

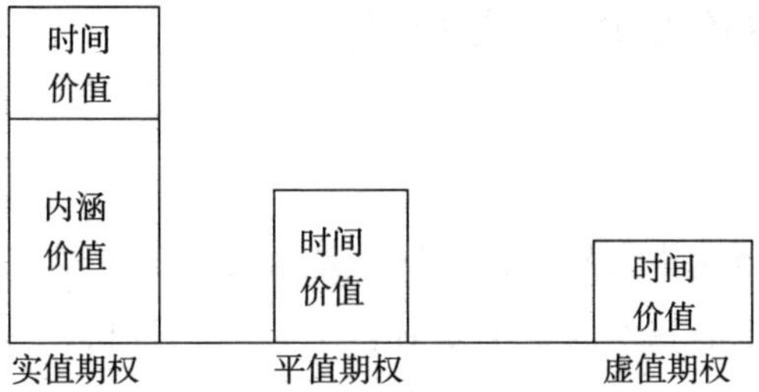

图 9-1 期权权利金的构成要素

期权的内涵价值是指如果能立即以行权价行权时可以获得的总利润，实际上它就是实值期权中的实值部分。

而时间价值是指期权价格扣除内涵价值后剩余的部分，即权利金中超出内涵价值的部分，也被称为外涵价值（Extrinsic Value）。它是指当期权的买方希望随着时间的延长，标的物价格的变动有可能使期权增值时而愿意为买进这一期权所付出的权利金金额。它同时也反映出期权的卖方所愿意接受的期权的卖价。因此，确定时间价值的根本因素在于期权的买方和卖方对未来时间内标的物价格变动的趋势及相应的期权价值的变动判断，是由买卖双方通过公开竞价活动形成的。例如，沪深300股指看涨期权行权价为2700点，而当时沪深300股指为2750点，相应的权利金价格为80点。其内涵价值即实值部分为2750－2700＝50点；权利金价格80点扣除其内涵价值50点后还有30点，这30点便是该期权价格的时间价值。

一般来讲，期权剩余的有效日期越长，其时间价值就越大。因为期权的有效期越长，对于期权的买方来说，其获利的可能性就越大；而对于期权的卖方来说，所必须承担的风险也就越多，因而他卖出期权所要求的权利金就越多，而买方也愿意支付更多的权利金以占有更多的盈利机会；反之，则相反。

当期权临近到期日时，如果其他条件不变，那么该期权时间价值的衰减速度就会加快。而在到期日，该期权就不再有任何时间价值，该期权的价值只是内涵价值了。

影响期权价格的六大因素

期权的价格与期货交易价格一样，是由交易双方竞价产生的。

影响期权价格的基本因素主要有：①标的物价格；②执行价格；③标的物价格波动率；④距到期日前剩余时间；⑤无风险利率；⑥标的物在持有期的收益。

（一）标的物价格

行权价与标的物的市场价是影响期权价格的最重要因素。两种价格的相互关系不仅决定着内涵价值，而且影响着时间价值。行权价与标的物市场价格的相对差额决定了内涵价值的有无及大小。就看涨期权而言，市场价格超过行权价越多，内涵价值越大；超过越少，内涵价值越小；当市场价格等于或低于行权价时，内涵价值为零。就看跌期权而言，市场价格低于行权价越多，内涵价值越大；当市场价格等于或高于行权价时，内涵价值为零。

行权价与市场价格的关系还决定了时间价值的有无及大小。一般来说，行权价与标的物市场价格的差额越大，则时间价值就越小；反之，差额越小，则时间价值就越大。当一种期权处于极度实值或极度虚值时，其时间价值都将趋向于零；而当一种期权正好处于平值期权时，其时间价值达到最大。时间价值是人们因预期标的物市场价格的变动能使虚值期权变为实值期权，或使有内涵价值的期权变为更有内涵价值的期权而付出的代价，所以，当一种期权处于极度实值时，市场价格变动使它继续增加内涵价值的可能性已极小，而使它减少内涵价值的可能性倒极大，人们都不愿意为买入该期权并持有它而付出比当时的内涵价值更高的权利金。相反，当一种期权处于极度虚值时，人们会认为变为实值期权的可能性十分渺茫，因而也不愿意为买入这种期权而支付任何权利金。因此，只有在行权价与标的物市场价格相等，即在期权处于平值期权时，市场价格的变动才最有可能使期权增加内涵价值，人们也才最愿意为买入这种期权而付出相等于时间价值的权利金，而此时的时间价值已经最大，任何市场价格与行权价的偏离都将减少这一时间价值。所以，市场价格与行权价的关系对时间价值也有直接的影响。

（二）行权价

行权价高低对期权价格的影响见上面的分析。

（三）标的物价格波动率

价格波动率，是指标的物价格的波动程度，它是期权定价模型中最重要的变量。如果我们改变价格波动率的假设，或市场对于价格波动率的看法发生了变化，期权的价值都会产生显著的影响。

在其他因素不变的条件下，标的物价格的波动增加了期权向实值方向转化的可能性，权利金也会相应增加，而且价格波幅度越大，期权权利金就越高。因为标的物价格波动越大，风险也越大，购买期权保险的需求就越大。况且标的物价格反复波动时，价格趋势出现逆转的可能性越大，期权变成有行使价值的机会也就越多，期权买方也更乐于接受期权卖方所提出的更高的期权价格。而期权卖方因市场风险增大（他并不希望期权被行权），除非能得到较高价格，否则卖方就不肯卖出期权来承担市场风险。

（四）距到期日前剩余时间

期权合约的有效期，是指距离期权合约到期日前剩余时间的长短。在其他因素不变的情况下，期权有效期越长，其时间价值也就越大。对于期权买方来说，有效期越长，选择的余地越大，标的物价格向买方所期望的方向变动的可能性越高，买方行使期权的机会越多，获利的可能性就越大；反之，有效期越短，期权的时间价值就越小。因为时间越短，标的物价格出现大的波动，尤其是价格变动发生逆转的可能性越小，到期时期权就失去了任何时间价值。对于卖方来说，其所面对的情形与买方正好相反。因此，期权的时间价值与期权合约的有效期成正比，并随着期权到期日的日益临近而逐步衰减，在到期日时，时间价值为零。

（五）无风险利率

无风险利率水平也会影响期权的时间价值。当利率上升时，期权的时间价值会减少；反之，当利率下降时，期权的时间价值则会增加。不过，利率水平对期权时间价值的整体影响十分有限。

（六）标的物在持有期的收益

有些标的物在持有期间可能会有一定的收益，比如股票在持有期间或许会有分红收益，持有的国债或外汇存放在银行在持有期间会有利息收入。收益的大小会对期权的价格有一定的影响，当然，与利率水平的影响相似，其影响力也较弱。

期权定价模型与期权理论价

在期权交易时，上述六个因素中的行权价是确定的；标的物价格也是可观察的，因此也是确定的；期权剩余时间更是已知的；无风险利率和标的物在持有期的收益这两项大致可以预先估计，由于影响力较弱，误差不会太大；剩下的关键因素是波动率，只能估计。

如果上述六个因素的具体数值都已知，可以计算出期权的合理价格吗？对此，很多金融学家进行了接力研究，最终在布莱克与斯科尔斯这儿得到了突破，标志为 1973 年两人共同署名发表的论文《期权与公司债务的定价》。该论文提出的期权计算模型被称为 Black – Scholes 模型，模型解决的是欧式股票期权不考虑分红时的定价问题。在他们突破的基础上，金融学家们乘胜追击，至今各式各样的期权都已有相应的计算方法，这些计算公式或计算方式被编成了程序，供交易者应用。

但是，在应用这些期权计算器时有一点需注意，因为所有的模型都是在一定的假设前提下推出的，有些假设与实际交易情况不一定相符合，再加上所有的模型都需要输入波动率，输入的波动率数字有较大的主观性，因此，对计算所得的期权理论价只能参考，不能盲从。

期权的开仓与期权的了结

在期货交易中，开始的买卖称为开仓，了结持仓有两种方法，或者是平仓或者是交割。与期货交易相同，当开始买进或卖出期权时称为期权开仓。然而，了结的方式比期货更复杂。图 9 – 2 显示了期权交易的各种了结形式。

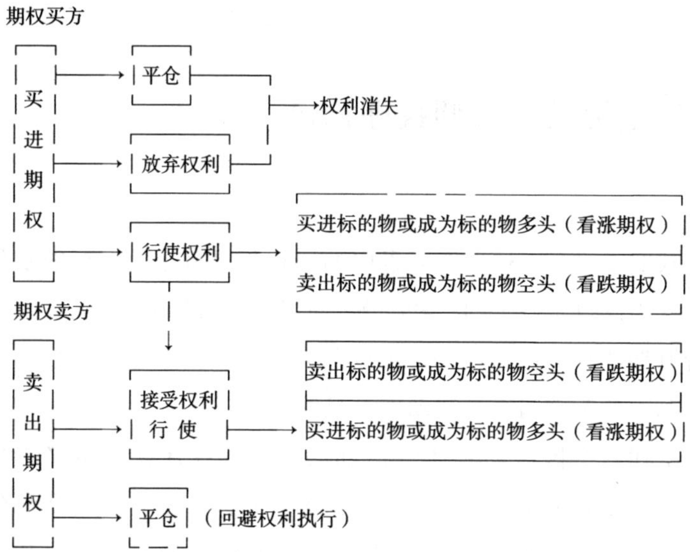

图9－2 期权交易的各种了结形式

从图9－2可见，对期权买方而言，可以选择中途平仓，也可以选择中途行权（美式）或到期行权（美式或欧式），或者在到期时弃权。对期权卖方而言，如果是美式期权，在中途只要没被指定接受行权，可以选择平仓；欧式期权自然可以选择中途平仓，在到期日有两种可能，一种是被指定接受行权，否则就自动作废。

对期货期权而言，如果买方行权，卖方被行权，双方进行的实物交割对象是期货合约，交割结果是：看涨期权的买方成为期货合约的多头，卖方成为空头；看跌期权的买方成为期货合约的空头，卖方成为多头。

期权的当日结算制度

期权结算是期权交易机制不可缺少的一环。买方的最大风险是成交时所交的权利金，因此对于买方没有每日结算风险，买方不进行每日结算。买方一旦成交，其权利金全部从其账户上划出；一旦平仓，则按权利金平仓价全部划入其账户。

但卖方的风险与期货一样依然存在，因此交易所要对卖方进行每日结算。

期权结算与期货结算一样，都是对保证金进行结算。目前国外期权的保证金制度虽然五花八门，但大致可分为传统制度、Delta 制度与 SPAN 制度。这里仅以传统制度为例对每日结算进行分析。

传统的期权保证金制度以纽约商品期货交易所（COMEX）为代表，每一张卖空期权保证金为下列两者的较大者：

权利金 + 期货合约的保证金 - 虚值期权价值的一半

权利金 + 期货合约保证金一半

最后交易日结束后，买方的虚值和平值期权以及提出不执行的实值期权将自动失效，其持仓在最后交易日后随着合约的到期也自然消失。

买方放弃权利时，不用结算。卖方所支付的交易保证金全部退还其资金账户。

买进看涨期权的特点分析

买进一定执行价格的看涨期权，在支付一笔权利金后，便可享有买入或不买入相关标的物的权利。

如果标的物价格短期内上涨，权利金也会随之上涨，在权利金价格上涨时卖出期权平仓，可以获得权利金价差收入。如果在到期日标的物价格在行权价之上，买进者可以行权，以低价获得标的物多头，然后按上涨的价格水平高价卖出相关标的物，获得价差收益，当收益超过当初付出的权利金时，超出部分就是净利润。由此可见，在到期日，买进看涨期权的损益平衡点就是“行权价 + 权利金”。

在到期日，如果标的物市场价格低于行权价，则可以放弃行权，最大损失为权利金。如果在到期日之前标的物市场价格下跌，期权价格也因此下跌，可以通过提前平仓回收部分权利金，降低损失。

图 9 – 3 是买进看涨期权的损益分析。表 9 – 3 是买进看涨期权的综合分析，表中列出了买进看涨期权的一些重要特征。

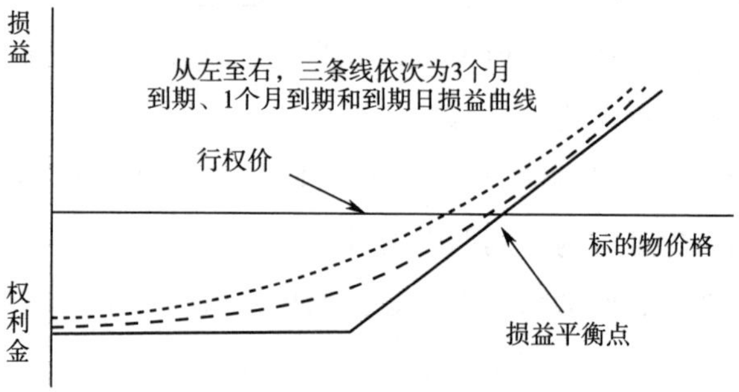

图 9 – 3　买进看涨期权损益

表 9 – 3　买进看涨期权综合分析

项目	买进看涨期权（Long Call）
运用场合	1. 后市大涨。越是看大涨，越可以用虚值看涨期权（付出的权利金成本小），以捕捉价格急升可能带来的收益 2. 市场波幅正在扩大（不适用于市场波幅收窄的市况） 3. 愿意利用买进期权的优势，即有限风险的杠杆作用 4. 预期后市看涨，但不愿付出更多保证金买进标的物 5. 牛市，但隐含价格波动率低（Low Implied Volatility） （说明：隐含价格波动率低是指理论上应该波动较大，但市场反应较小，因此在牛市时买入被市场低估的看涨期权）
收益	平仓收益 = 权利金卖出价 – 买入价 行权收益 = 标的物价格 – 行权价 – 权利金
最大风险	损失全部权利金。如到期日时，市价未到损益平衡点，纵然仍有行权价值，但由于不能弥补已付出的权利金，所以持有者仍有损失
损益平衡点	行权价 + 权利金
时间价值的损耗	随着合约时间的减少，时间价值会一直下跌。如果波动率上升，时间价值下跌较慢。波动率下降，时间价值的损耗加速
保证金	不交
期货期权行权后转换成期货部位	多头

卖出看涨期权的特点分析

以一定的行权价卖出看涨期权，可以得到权利金收入。不难想到，卖出看涨期权的情况正好与买进看涨期权相反。在到期日，如果标的物价格低于行权价，则买方不会行权，卖方可获得全部权利金。如果标的物价格在执行价格与损益平衡点之间，由此获取一部分权利金收入。如果标的物价格大于损益平衡点，则卖方将面临标的物价格上涨的风险。图9－4是卖出看涨期权的损益分析。表9－4是卖出看涨期权的综合分析表，表中列出了卖出看涨期权的一些重要特征。

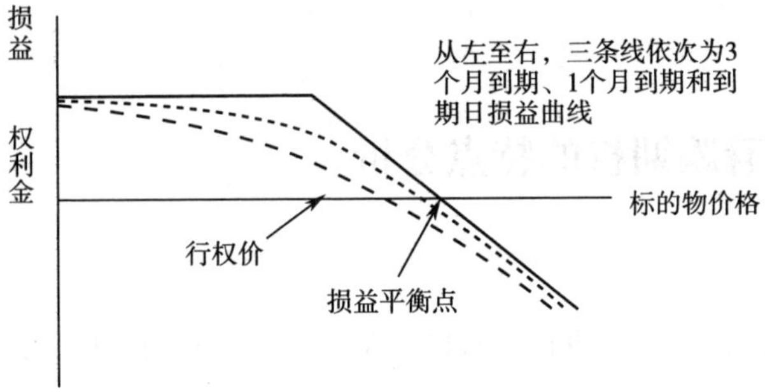

图9－4　卖出看涨期权损益

表9－4　卖出看涨期权综合分析

项目	卖出看涨期权（Short Call）
运用场合	1. 后市下跌或已见顶。深信大市已见顶，会辗转下跌，更可卖出实值看涨期权，以赚取最大的利润，否则，宜卖出平值或虚值看涨期权 2. 市场波幅收窄（不适用于市场波幅正在扩大的市况） 3. 已经持有现货或期货合约，作为对冲策略 4. 熊市，隐含价格波动率高（High Implied Volatility）

续表

项目	卖出看涨期权（Short Call）
最大收益	平仓收益 = 权利金卖出价 - 买入平仓价 期权被放弃的收益 = 所收取的全部权利金（即到期时，市价在执行价格或其以下的价位）
风险	斩仓风险 = 权利金卖出价 - 斩仓买入价 期权被要求履约风险 = 执行价格 - 标的物平仓买入价格 + 权利金 由于卖出看涨期权是看淡后市，若市价不跌反升，损失可能很大，因此必须密切注意这个策略的盈亏转变
盈亏平衡点	行权价 + 权利金
时间价值的损耗	时间临近到期日，价格又在行权价左右，卖方的收益最大
保证金	交
期货期权行权后转换成期货部位	空头

买进看跌期权的特点分析

买进一定执行价格的看跌期权，在支付一笔权利金后，便可享有卖出或不卖出相关标的物的权利。

如果标的物价格短期内下跌，权利金也会随之上涨，在权利金价格上涨时卖出期权平仓，可以获得权利金价差收益。如果在到期日标的物市场价格在行权价之下，买进者可以行权，以市场价买进标的物，再按行权价将标的物卖给对方，获得价差收益，当这笔利润超过当初付出的权利金时，超出部分就是净利润。由此可见，在到期日，买进看跌期权的损益平衡点就是“行权价 - 权利金”。

在到期日，如果标的物价格不低于行权价，则可以放弃行权，最大损失为权利金。如果在到期日之前标的物价格不跌，权利金价格下跌，可以通过平仓回收部分权利金，以降低损失。

图 9－5 是买进看跌期权的损益分析。表 9－5 是买进看跌期权的综合分析，表中列出了买进看跌期权的一些重要特征。

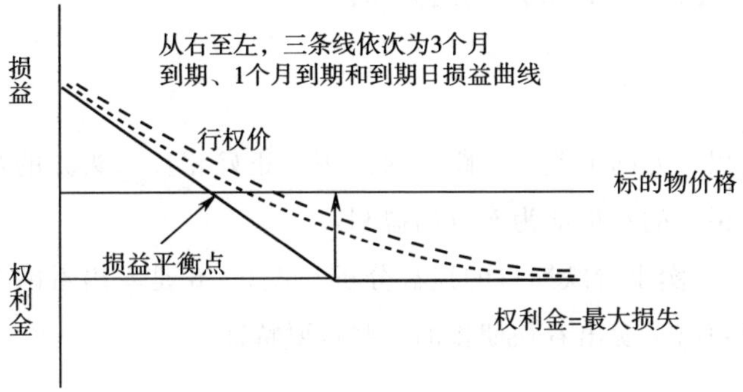

图 9－5　买进看跌期权损益

表 9－5　　买进看跌期权综合分析

项目	买进看跌期权（Long Put）
运用场合	1. 后市将要大跌或正在下跌。越是看大跌，越可以用虚值看跌期权，以捕捉价格急跌所带来的利润 2. 市场波幅正在扩大 3. 熊市，隐含价格波动率低（Low Implied Volatility）
收益	平仓收益＝权利金卖出平仓价－买入价 行权收益＝行权价－标的物价格－权利金
最大风险	损失全部权利金。如到期日时，市价未到损益平衡点，虽仍有行权价值，但由于不能弥补已付出的权利金，所以持有者仍有损失
盈亏平衡点	行权价－权利金
时间价值的损耗	时间价值会一直下跌。如果波动率上升，时间价值下跌较慢；波动率下降，时间价值的损耗加速
保证金	不交
期货期权行权后转换成期货部位	空头

卖出看跌期权的特点分析

看跌期权卖方的损益与看跌期权的买方正好相反，买方的盈利即为卖方的亏损，买方的亏损即为卖方的盈利。

图 9－6 是卖出看跌期权的损益分析。表 6－6 是卖出看跌期权的综合分析，表中列出了卖出看跌期权的一些重要特征。

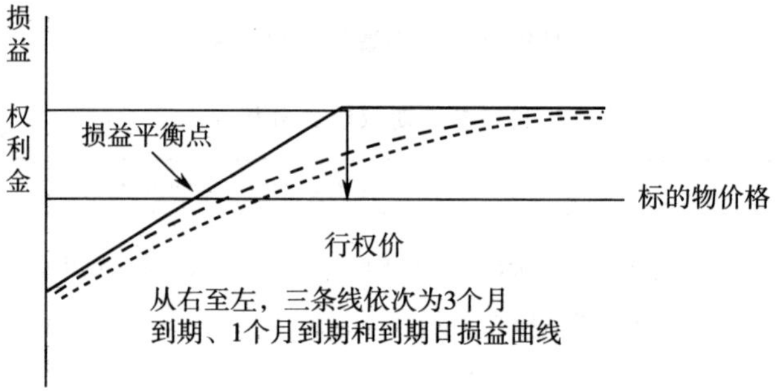

图 9－6　卖出看跌期权损益

表 9－6　卖出看跌期权综合分析

项目	卖出看跌期权（Short Put）
运用场合	1. 后市上升或已见底。如坚信大市看涨，可卖出看跌期权收取权利金；如深信大市见底，会辗转上升，更可卖出实值看跌期权，以赚取最大的利润。否则，只宜卖出平值或虚值看跌期权 2. 市场波幅收窄的市况 3. 隐含价格波动率高（High Implied Volatility）
最大收益	平仓收益＝权利金卖出价－买入平仓价 期权被放弃的收益＝所收取的权利金（即到期时标的物市价在行权价或以上的价位）
风险	斩仓风险＝权利金卖出价－买入斩仓价 期权被要求履约风险＝标的物卖出平仓价－行权价＋权利金

续表

项目	卖出看跌期权（Short Put）
盈亏平衡点	行权价－权利金
时间价值损耗	时间越是接近到期日，价格又在执行价格左右，卖家的收益越大
保证金	交
期货期权行权后转换成期货部位	多头

附录一

国内外期货交易典型风险案例解析

案例1 住友商社期铜事件[①]

（一）事件经过

住友商社是世界上最大的铜产品经销商和出口商。20世纪50年代，该商社逐步发展成日本第三大金融综合性企业集团和日本最大的交易商行之一。住友商社是整个住友集团的核心实体。1995年其期铜交易量达75万吨，约占当年世界铜产量1004万吨的7.5%，铜期货合约成交额约占伦敦金属交易所市场总成交额的14%。

1996年6月14日，日本住友商社总裁秋山富一在东京发布公告，该公司有色金属交易部部长兼首席交易员滨中泰男与一名8年前离职的雇员，长期从事未经授权的国际期铜交易，致使住友商社遭受了18亿美元的巨额损失。

住友事件一经披露，立即引起国际期铜市场价格狂跌，伦敦金属交易所3个月期期铜价格从消息公布前的2150美元/吨急挫至6月17日的1800美元/吨。由于住友商社仍有200万吨铜尚待出售，损失进一步扩大，保守估计其亏损额至少已达30亿美元。虽然住友商社凭借其巨额资产的支撑没有遭受破产清算的厄运，但此事件给住友商社长期以来的良好声誉和未来的经营带来的恶劣影响却是不可估量的。

1970年，22岁的滨中泰男进入住友商社。20世纪70年代末，被公司派到伦敦金属交易所参与金属期货交易，这时他还只是一个普通小职员。然而，当他1983年返回国内时，他的铜交易量已经有每年1万吨。20世纪80年代末，他已经在国际期铜大户中崭露头角，由于他领导的住友商社

① 案例1至案例3引自《境外期货交易》（刘志超主编，中国财政经济出版社2005年版）第七章。

有色金属交易小组已控制了全球铜交易量的5%之多，被人称为“百分之五先生”。

滨中泰男在期铜交易中所持有的是多头头寸，铜价上涨时，获利颇多。但是，1995年铜价开始步入熊市。1995年1月20日，铜价还在3075美元/吨，到1996年初，已跌到2600美元/吨以下。铜价的连续下挫使滨中泰男的多头头寸盈利不仅全部损失，而且产生了相当严重的亏损。事发前很长一段时间内，滨中泰男还在市场上放风，说他与中国的几家公司有着巨额的铜现货交易，以需要套期保值为由，长期大量买入多头铜期货合约，企图以此影响铜市场价格。但过高的期铜价格吸引了大量短期投机者入市做空，其中包括一些著名的投资基金，如索罗斯量子基金、罗伯逊老虎基金等。这时，滨中泰男孤注一掷，继续大量买入多头期铜合约。1996年5月9日，伦敦金属期货交易所3个月期的期铜价格达到该年度的最高点2715.50美元/吨。由于铜市场的基本面状况朝着滨中泰男非常不利的方向发展，比如，世界第一大产铜国智利的一座重要矿山的罢工得以平息，铜市场的供求状况好转；滨中泰男的重要贸易伙伴——中国几家公司的铜购买量已被证实并不像宣称的那样多。伦敦金属交易所终于查出滨中泰男在银行的存款余额通知单中有2000万美元，与住友商社财务部门掌握的数额不符，滨中泰男未经授权非法交易的违规事件东窗事发。6月5日，滨中泰男承认了未经授权违规操作的事实。

（二）评点

住友商社总裁秋山富一在事后承认，重用滨中泰男是一个错误，并宣布解除滨中泰男的职务。他说：“在我的印象中，他十分富于自制力，十分讲究逻辑，于是我信任他，并委任他为首席金属交易员，但我现在感到非常失望。”

住友商社是世界上最大的铜产品经销商和出口商，因此，在境外从事期铜交易不仅非常有必要，而且从其以往的情况看，的确也因此得到过很大的好处。即使对滨中泰男而言，也是因为在此之前取得了一定的成绩之后才获得了公司的信任。事后，秋山富一总裁也一再表示，将继续广泛积极地参与国际铜及其他商品的交易。

住友商社遭受严重损失，其根本的原因是公司缺乏有效的内部监控机制。在事发前，滨中泰男是住友商社有色金属交易部部长兼首席交易员和账户管理员，同时集该交易部负责人、交易员、会计、出纳于一身，几乎不存在任何稽查制度。这就为滨中泰男长期从事未经授权的账外交易，并私自篡改账目和记录，隐瞒在交易中的巨额亏损创造了极为便利的条件。

住友事件的深刻启示是：在金融衍生品这样一个高风险的市场上，仅靠个人品格和交易者的信用关系是相当危险的，在缺乏有效市场风险监控机制和信息披露的情况下，个人的违规行为将会给公司造成重大的损失。只有建立严格的风险监控机制并加以认真执行，才能尽量避免类似事件的发生。

案例2 株洲冶炼厂锌锭被挤兑事件

（一）背景

20 世纪 80 年代末，受国际宏观经济的带动、需求的增长，整个伦敦金属交易所金属都经历了一场波澜壮阔的牛市，锌锭市场也不例外。但进入 90 年代以来，世界锌锭市场供需发生了重大改变。中国由纯进口国变成了纯出口国。伦敦金属交易所的锌价格也随着供需面的改变，在经历了 1989—1991 年的牛市后进入了漫长的熊市，三月期的锌期货价格从 1991 年的 1700 美元/吨左右跌至 1992 年初的 1000 美元/吨，1992 年中涨至 1350 美元/吨后再次陷入低迷，一直持续至 1994 年下半年。1995 年初，走出一波小高潮，最高达到 1250 美元/吨，此后直到 1996 年底一直在 1000 美元上下低迷徘徊。

当时的株洲冶炼厂，年锌锭产量为 25 万吨左右。在锌价低迷的走势下，由于担心价格进一步下跌，于是考虑在伦敦金属交易所进行卖出套期保值。当时株冶设有专门的进出口公司，进出口公司中设有期货部，专门从事伦敦金属交易所的锌锭套期保值业务。但是，进出口公司的总经理既是公司管理层又参与伦敦金属交易所的具体交易，甚至还是下单员。

（二）过程与结果

由于交易人员认定锌价还将继续下跌，他们在伦敦金属交易所卖出了40多万吨的期货合约，交割月份为1997年5～8月，卖出价格基本在1000美元/吨左右。这一数量，实际上已经完全超出了其生产能力。此时，一家瑞士巨大的实物贸易商盯上了株冶这个大空头。在不声不响中，这家贸易公司悄然囤积库存，并同时在伦敦金属交易所买入1997年5～8月交割的期货。在此时间段内，市场上形成了以瑞士贸易商为首的大多头和以株冶为首的大空头对决的局面。当时的株冶认为，反正届时可以交货，根本没有考虑在如此短的时间内，是否能交运这么多的货物。

1997年1月，LME三月期锌期货价格开始大幅上扬，每月以100美元/吨的速度走高。价格从年初的1050美元/吨一路飙升至7月份的1700美元/吨左右。而现货价格更是暴涨至2000美元/吨，现货升水基本维持在150美元/吨至300美元/吨之间。到4月份时，株冶的期货操作人士仍然未足够重视行情。进入5月，由于期货市场保证金不能到位，短期内又不能交货，结果被迫在高位全部买入平仓。最终导致2亿美元的亏损。

（三）评点

株冶自己生产一定量的锌锭，在市场价格低迷之时，担心锌价继续下跌而通过期货市场卖出保值是合理的，但问题在于其交易数量的失控。当交易数量远远超出了自己的能力时，这就不是套期保值了，至少可以说其中已经掺杂了大比例的投机交易。当套期保值转化为投机交易，其带来的风险也因此被放大，甚至超出企业可以承受的能力。从套期保值的观点看，株冶在一开始进入市场大量抛售的决策就已经违背了套期保值的目的和宗旨。初始决策的不慎重导致最终不得不吞下苦果。值得注意的是，进出口公司的总经理既是公司管理层又参与伦敦金属交易所的具体交易，甚至还是下单员，这一情况充分说明了公司在分工及决策机制上都有着重大缺陷。公司管理层人员不是从公司整体经营计划出发制订套期保值方案，并实施必要的监控，而是亲自操刀，将自己降格为一般的交易员。由于缺乏应有的监督和制约，一旦在判断行情、制订方案中出现失误，很难得到及时纠正。最终导致不可收拾的结局。

案例3　德国金属公司为何惨败

（一）起因

德国金属公司（Metallgesellshaft，MG）是德国最大的工业公司之一，德国最大的两家银行——德意志银行和德累斯顿银行拥有其33.8%的股份。德国金属精炼和营销公司（MGRM）是MG在美国的子公司，其主要业务是从事油品贸易。

1993年，MGRM出售了大量远期供货合同，合同内容基本上是，在未来5~10年以固定价格向需求方供应原油、加热油和汽油，不管合约时间的长短如何，这些固定价格比合约协商时的现货市场价格每桶高3~5美元。此外，远期供货合同还给了对方在现货价格上升到合约规定的固定价格之上时以现金结算的选择权，具体规定为对方支付主导的近期月份期货价格和合同规定的供应价格之间价差的一半。比如，合同价格为20美元，几个月后，近期月份期货价格上升到24美元，对方可以要求MGRM中止合同，并由MGRM支付2美元的差价。

多数远期供货合同是在1993年夏天石油价格低迷（17~19美元/桶）并且继续下跌时商定的。终端用户认为这是锁定低价以保障未来供货的好机会，因此愿意支付3~5美元/桶的溢价，幅度为20%或更多一些。就这样，MGRM陆陆续续签订了约1.6亿桶供应原油、加热油和汽油合同，合同总价值为40亿美元。

不难理解，固定价格远期交割使 MGRM 面临油价上涨的风险，如果价格上涨 3～5 美元/桶，溢价就会被吞噬；如果价格上涨得更多，就会导致巨额亏损。因此公司决定运用石油期货和互换进行避险。如果 MGRM 能够成功规避价格风险，将可能产生约 6 亿美元以上的利润（4 美元/桶 ×1.6 亿桶）。

应该说，进行套期保值的理由是很充分的。

（二）避险方案

由于 MGRM 和客户的合同长达 5 年或 10 年，而期货合约最长只有 36 个月，而且远期的期货合约流动性很差。因此 MGRM 交易的多数是近期月份。在这种情况下，MGRM 不得不采用展期策略来应付。一开始持有较近月份合约的多头，随着交割日的来临，将这些头寸平仓的同时再买入后面的合约。当然，在数量上应该减去已经交割给客户的数量。然而，不难想到的是，这种集中滚动策略只有在即期石油期货价格等于远期期货价格的情况下才是没有成本的；如果近期合约价格高于远期合约价格，即现货升水（Backwardation）市场时，连续滚动方式将会产生额外盈利，因为到期合约会被更便宜的新合约代替；如果近期合约价格低于远期合约价格，即现货贴水（Contango）市场时，展期就会引起亏损。从历史上看，石油市场有时候是现货升水市场，有时候是现货贴水市场，但更多的是现货升水市场。因而，从平均概率的意义而言，可以预计通过展期 MGRM 还将获得额外的利润。总之，过去的数据提供了对预期展期盈利的合理支持。

MGRM 通过期货市场和互换交易进行保值。在期货市场上，到 1993 年第四季度，MGRM 持有的期货多头头寸为 5500 万桶；而在互换方面有 1 亿～1.1 亿桶，互换的对方都是大的互换交易商，如银行。两者合计几乎和远期供货承诺的 1.6 亿桶相等（套期保值比为 1）。

然而，接下来发生的事情完全出乎人们的意料。

（三）结局

1993 年末，石油现货价格从 6 月时的每桶 19 美元下跌到每桶 15 美元，同时，1993 年时，石油市场进入了现货贴水阶段。价格下跌导致 MGRM 的多头头寸产生了大量的亏损，尽管这一损失可以由远期现货合同的账面盈利抵消，但现货远期供货的盈利必须到交割时才会体现出来。MGRM 不得不在期货上追加大量保证金。另外，现货贴水又使 MGRM 在转期时增加了额外亏损。

1993 年 12 月初，NYMEX 鉴于 MGRM 的头寸过大（最高峰的时候，MGRM 的期货购买量达到了 NYMEX 原油期货总持仓量的 20%），决定取消 MGRM 的套期保值优惠，将其保证金提高一倍。MGRM 的苦难开始了。MG 监事会认为亏损是由大量投机造成的，经过讨论后决定将 MGRM 的石油期货平仓，并且通过支付违约金的方式解除了远期供货合同。据当时的报告说，MGRM 在期货和互换上损失高达 13 亿美元，这些损失额超过了 MG 的一半资本，只是由于一笔巨大的 19 亿美元拯救计划才使 MG 不致破产。

从事后看，MG 监事会作出了最糟糕的决定。自 1993 年 12 月 7 日清盘到 1994 年 8 月 8 日，原油价格从每桶 13.90 美元上涨到每桶 19.40 美元，而且，石油期货市场又回到现货升水阶段。清盘发生在最不理想的时刻。同时，清盘计划不仅放弃了远期供货合同可能发生的至少可以抵消部分衍生品亏损的未实现盈利，还多赔了一大笔违约金。如果不清盘，将计划继续执行下去，最终不但不会亏损，初始目标也可能达到。

（四）评点

监事会认为亏损是由大量投机造成的，但许多学者（包括诺贝尔经济学奖获得者米勒）对此研究之后发表了不同的看法，也因此引起了当时一场颇大的争论。反对者认为：这是套期保值而不是投机交易。当然，在这个套期保值方案中有漏洞或不合理的地方，MGRM 对套期保值将会面临的风险估计不足，再加上高层公司的不理解及措施不当，最终导致套期保值失败。

有学者指出：不合理的会计准则也是导致失败的一个原因。在德国的会计惯例中，传统上采取保守稳健的会计和信息披露制度。对金融衍生品交易的财务核算和会计记账，更多地考虑了谨慎性原则。比如，衍生品交易持仓头寸按逐日盯市规则计算出来的浮动亏损要在每一会计期末计入公司的财务报表，但持仓头寸的浮动盈利却不能计作公司的利润，这样的账务处理确实是满足了谨慎性原则，但在本案例中却起了反作用，误导了那些还不了解事件全部情况或虽知道一些情况但没有足够时间或能力进行专业判断的投资人和债权人，这在一定程度上堵塞了公司的融资渠道，加剧了危机。结果公司的亏损被夸大了，被不合理的会计准则确定为“投机”而造成亏损，这也影响了 MG 监事会的决策。

事实上，MG 并不缺乏资金。MG 在 48 家银行还有未曾动用的 15 亿马克的信用额度。另外，1993 年 12 月，MGRM 在将其远期供货合同进行证券化基础上还有融资机会。最后 MG 的大股东是德国两家最大的银行，它们有资金可以支持一个被认为是合理的策略，而且有了解这个策略所需要的内部渠道。远期供货合同对不知情的外部信贷提供者来说是不透明的，但对于内幕人士是透明的。只有一个可能——那就是 MG 的管理层认为套期保值策略是不合理的。

案例 4　巴林银行破产案[①]

1763 年，弗朗西斯·巴林爵士在伦敦创建了巴林银行。截至 1993 年底，巴林银行的全部资产总额为 59 亿英镑，1994 年税前利润高达 15 亿美元。其核心资本在全球 1000 家大银行中排名第 489 位。

1995 年 2 月 26 日，英国中央银行——英格兰银行突然宣布了一条震惊世界的消息：巴林银行不得继续从事交易活动并将申请资产清理。10 天后，这家拥有 233 年历史的银行以 1 英镑的象征性价格被荷兰国际集团收购。这意味着巴林银行的彻底倒闭。

① 本案例引自《股指期货教程》（刘仲元著，上海远东出版社 2007 年版）第六章，略有改编。

搞垮具有233年历史、在全球范围内掌控270多亿英镑资产的巴林银行的人，竟然是一个年龄只有28岁的毛头小子尼克·里森。

（一）里森其人

1987年，尼克·里森进入摩根士丹利银行，成为清算部的一名职员。1989年，里森进入巴林银行工作，成为一名从事清算工作的内勤人员，其职责是确保每笔交易的入账和付款。不久，他争取到了去印度尼西亚分部工作的机会。由于富有耐心和毅力，善于逻辑推理，能很快地解决以前未能解决的许多问题。因此，被视为期货与期权结算方面的专家，伦敦总部对里森在印度尼西亚的工作相当满意。

当时的巴林，正在越来越多地从事金融衍生品业务。当新加坡国际金融交易所意图成为亚洲新兴金融业务的中心时，巴林也想在此获取一席之地，于是委派里森组织一个班子去实现这一目标。

里森到了新加坡之后，开始只是做他在伦敦干过的清算工作，其后，由于缺乏人手，他开始自己做起交易来。由于工作出色，里森很快受到银行重用。1992年，里森被任命为巴林银行新加坡分公司经理。这使他的赚钱才能得到了充分发挥。1993年时，年仅26岁的里森已经达到了事业的巅峰，为巴林银行赚进1000万英镑，占巴林当年总利润的10%，颇得老板的赏识和同行的羡慕。

（二）藏污纳垢的88888账户

里森在上任时，巴林银行原本有一个账号为“99905”的“错误账户”，专门处理交易过程中因疏忽所造成的错误。1992年夏天，伦敦总部全面负责清算工作的哥顿·鲍塞给里森打了一个电话，要求里森另设立一个“错误账户”，记录较小的错误，并自行在新加坡处理，以免麻烦伦敦的工作。由于账号必须是五位数，账号为“88888”的“错误账户”便诞生了。

几周之后，伦敦总部又打来了电话，总部配置了新的电脑，要求新加坡分行还是按老规矩行事，所有的错误记录仍由“99905”账户直接向伦敦报告。“88888”错误账户刚刚建立就被搁置，但仍旧存于电脑之中，并没有被真正取消。

1992 年 7 月 17 日，里森手下一名加入巴林银行仅一星期的交易员金·王犯了一个错误：当客户（富士银行）要求买进 20 手日经指数期货合约时，此交易员误为卖出 20 手，这个错误在当天晚上进行清算工作时被发现。如果纠正此项错误，必须买回 40 手合约，以当日收盘价计算，损失为 2 万英镑。但在种种考虑下，里森决定利用错误账户“88888”承接了这 40 手空头期货合约。然而，如此一来，里森所进行的交易便成了“自营交易”。数天之后，由于日经指数上升 200 点，损失扩大为 6 万英镑了。此时的里森更不敢向上呈报了。

另一个与此类似的错误是里森的好友及委托执行人乔治犯的。乔治与妻子离婚了，整日沉浸在痛苦之中，并开始自暴自弃。乔治是里森最好的朋友，也是最棒的交易员之一，里森很喜欢他。但很快乔治开始出错了。里森示意他卖出 100 份 9 月期货合约，结果却是做了多头，价值高达 800 万英镑。

如果乔治的错误泄露出去，里森将不得不告别他已很如意的生活。为了赚回足够的钱来补偿所有损失，里森加大了“自营交易”。在一段时日内，里森还是做得极为顺手。到 1993 年 7 月，他已将“88888”号账户亏损的 600 万英镑转为略有盈余。当时他的年薪为 5 万英镑，年终奖金则将近 10 万英镑。

（三）陷入泥沼

除了为交易员遮掩错误，另一个严重的失误是为了争取日经市场上最大的客户波尼弗伊。在 1993 年下半年，接连几天，每天市场价格破纪录地飞涨 1000 多点，用于清算记录的电脑屏幕故障频繁，无数笔的交易入账工作都积压起来。因为系统无法正常工作，交易记录都靠人力。等到发现各种错误时，里森在一天之内的损失便已高达将近 170 万美元。在无路可走的情况下，里森决定继续隐藏这些失误。

1994 年，里森对损失的金额已经麻木了，“88888”号账户的余额，由

2000 万英镑、3000 万英镑，到 7 月时已达 5000 万英镑。私下交易也因此越做越大，目的就是一个，幻想着以一己之力影响市场的变动，反败为胜，补足亏空。

在损失达到 5000 万英镑时，巴林银行总部曾派人调查里森的账目。但里森通过假造花旗银行 5000 万英镑存款就蒙混过关了。总部查了一个月的账，却没有人去核实花旗银行的账目，以致没有人发现花旗银行账户中并没有 5000 万英镑的存款。

巴林自以为没有什么风险，因为里森宣称他所做的巨额买进是根据客户的指令进行的，而且被认为是使用客户的资金。此外，使巴林感到高兴的是，里森在该行持有的日经指数业务上还赚了一些小钱。巴林所不知道的是，这些交易是通过私设的“88888”号账户进行的，而且不受任何约束。

（四）最后的疯狂

1994 年年底，里森判断日经 225 指数可能会在 19000 点左右盘整，于是卖出了许多执行价格在 18500 点至 19500 点的跨式期权。只要日经 225 指数不大涨或大跌，里森便可赚到跨式期权上收到的权利金。当时日本经济在 30 个月的萧条后已开始复苏，因而看起来似乎是一个安全的下注。

1995 年 1 月 17 日凌晨，神户发生了 7.2 级的大地震。1 月 23 日，日经 225 指数一日内暴跌 1000 多点，19000 点因此失守，里森的损失也因此高达 2 亿多美元。为了挽救跨式期权空头的损失，里森进行了一场豪赌，除了大量买进日经指数期货外，还卖出指数看跌期权，以收取的权利金支付期货保证金，同时他还大量卖空日本政府债券期货。所有这些头寸都是在赌日经指数会回升，如果日经指数回升至 19000 点之上，不仅可以扳回前面的损失，而且还可以大赚一笔。

1 月 30 日开始，里森以每天 1000 万英镑的速度从伦敦获得资金，在 2 月的头一周，由于日经指数稍有反弹，里森因此而赚了 1000 万美元，巴林银行高层为此欣喜若狂，梦想着里森每周都能为他们赚进这么多。

2 月 10 日，里森手中已握有 55000 份日经期货及 2 万份日本政府债券合约。这可是新加坡期货交易所交易史上创纪录的数量。

巴林银行总部一直为里森的疯狂举动供给资金，4 个星期内达 8.5 亿美元。显然，巴林的财务已经失控，地狱之门已经被打开了。

1995 年 2 月 23 日，巴林的末日来临了。这一天，日经指数下跌了 350 点（见图 1），日本政府债券也在一路上扬，而此时的里森却仍在买进日经指数期货合约和卖出债券期货。到收市时，里森总共持有 61039 份日经指数期货的多头合约和 26000 份日本政府债券期货的空头合约。其中 1995 年 3 月期指合约、1995 年 6 月期指合约持仓数占市场总持仓的比例分别高达 49% 和 24%。巴林期货新加坡分公司（Barings Futures Singapore，BFS）无力缴纳 2 月 23 日这天的保证金，里森为巴林所带来的损失，达到了 86000 万英镑的高点，这个数量已经是巴林银行全部资本及储备金的 1.2 倍。

里森及巴林企图影响市场走向的努力彻底失败，大厦将倾之际，里森开溜了。2 月 24 日，日经指数继续下跌。2 月 26 日是周六，英国中央银行英格兰银行宣布巴林银行不得继续从事交易活动并将申请资产清理，成为众所周知的新闻。2 月 27 日，日经指数又是暴跌，收盘指数为 16809 点，与上周五的收盘指数相比，跌去了 664 点。新加坡国际金融交易所开始实施危机处理。

一代枭雄就此玩完。

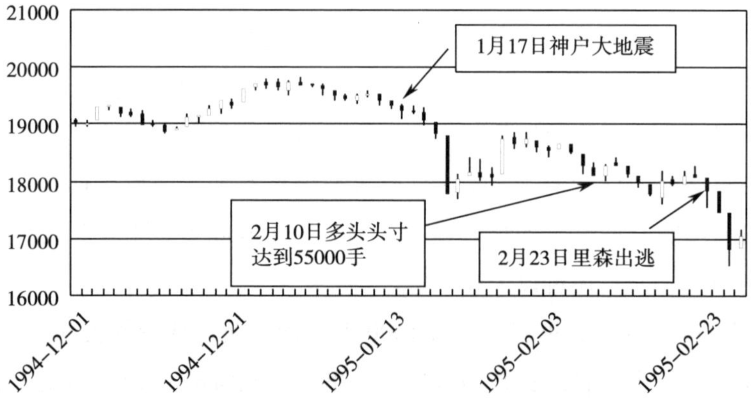

图 1　日经 225 指数日 K 线图

（五）评点

从案情过程看，巴林银行的倒闭似乎是里森的赌徒性格一手造成的，里森在服狱中还出版了《我是怎样搞垮巴林银行的》一书。然而，如果追究一下为什么里森可以如此肆无忌惮，就不难发现，正是巴林银行在管理制度上的混乱与无效，以及管理层对金融衍生品风险的无知、无畏才是更重要的原因。

巴林银行不是没有管理制度，在整个过程中，例行的检查及针对性的调查也经历过很多次，但每一次里森都能靠简单地造假蒙混过关。连里森自己也不得不感到惊讶，他在回忆录中说道："对于没有人来制止我的这件事，我觉得不可思议。伦敦的人应该知道我的数字都是假造的，这些人都应该知道我每天向伦敦总部要求的现金是不对的，但他们仍旧支付这些钱。"从中不难体察到巴林管理制度的混乱与无效程度。

管理层对金融衍生品风险的无知、无畏也是重要的原因。1994 年 12 月，那是巴林破产前的两个月，巴林在纽约举行了一次巴林金融成果会议。在会上，250 名在世界各地的巴林银行工作者，还将里森当成巴林的英雄，对其报以长时间热烈的掌声。在巴林管理层的眼中，金融衍生品意味着利润而不是风险。

特别要指出的是：在巴林的最后 4 个星期内，总部频频为里森供给资金，其数量高达 8.5 亿美元。显然，继续将此解释为决策层轻信里森的造假是无法令人信服的。笔者认为：在最后的时间段内，决策层应该是知情的。只是因为他们知道，此时的巴林已经无法脱身，高风险已经铸成，因而与里森一样，只能寄希望于放手一搏，争取出现反败为胜的结局。从这个角度看，他们已经被里森绑架，成为里森的同盟。

巴林银行倒闭后，英国监管当局进行了全面深入的调查，形成了一份 300 余页的研究报告《巴林银行倒闭的教训》（*Lessons Arising From the Collapse of Barings*），对改善跨国银行的内部控制，提高其风险防范能力提出了具体的建议和要求。

监管当局总结的五条重要经验教训如下：

1. 管理层必须对其所经营管理的业务有充分的认识。

2. 银行内各项业务的职责必须确立并明示。

3. 利益冲突业务的隔离是内部控制有效性必不可少的一个环节。

4. 必须建立专门的风险管理机制以应对可能的业务风险。

5. 内部审计或稽核部门应当迅速将查悉的内部控制漏洞报告最高管理层和审计委员会，后者应尽快采取措施解决上述问题。

案例5 长期基金命不长

（一）耀眼的明星团队

美国长期资本管理公司（LTCM）成立于1994年2月，该公司注册于开曼群岛，总部设在离纽约市不远的格林威治，是一家主要从事定息债务工具套利活动的对冲基金，该基金曾经是当时世界上最出色的对冲基金之一。

公司的创办人约翰·梅里韦瑟（John Meriwether）是芝加哥人。1974年梅里韦瑟进入所罗门兄弟公司（Salomon Brothers），而之前曾在西北大学和芝加哥管理学院学习。因为具有数学研究背景，进入公司后就开始从事债券交易。当时，计量学尚未在华尔街的学派中间流行，梅里韦瑟对计量学技术在债券交易中的应用进行了研究并付诸实施。1977年，公司专门成立了从事债券套利部门并由梅里韦瑟负责，很快他所创办的这个部门便成为全公司最盈利的部门。随着名声的扩大，他的研究方法被很多其他公司模仿和复制，他也因此被人尊称为“点石成金”的华尔街债券套利之父。

1991年，梅里韦瑟离开了所罗门兄弟公司，原因是涉及一桩交易丑闻而被政府指控，尽管最后证明他在这件事上是清白的，但还是被迫离开了。

1993 年，他成立了避险基金——长期资本公司，该基金共有 11 位出资人，除了梅里韦瑟自己外，还有他的一些旧部，几位所罗门兄弟公司的债券交易员，但令人耀眼的是，他还吸引了金融学术界的巨擘，后来在 1997 年获得诺贝尔奖的斯科尔斯（Myron Scholes）和默顿（Robert C. Merton），还有前财政部副部长及美联储副主席莫里斯（David Mullins）加盟。如此阵容，难怪被人称为“梦幻组合”。

1993 年底，梅里韦瑟获得了长期资本管理公司的创立资本。在美林证券的帮助下，LTCM 从企业主、社会名流，甚至私立大学基金处获得了数亿美元的资金。在 1994 年 2 月 24 日 LTCM 开始正式进行交易之前，公司就已累积了超过 10.1 亿美元的资本。

（二）骄人的业绩

LTCM 成立之初，资产净值为 12.5 亿美元，凭借着优秀的业绩，到 1997 年末，已上升至 48 亿美元，净增长 2.84 倍。1994—1997 年，年投资回报率分别为：28.5%、42.8%、40.8% 和 17%。同时，由于一步步放大对财务杠杆的利用，资产总额得以迅猛扩张，1996 年飙升到 1400 亿美元，比其自有资本整整高了 30 倍，比当时美国最大的共同基金还要大 2.5 倍，与当时第二大对冲基金相比，其规模大了 4 倍。

LTCM 的投资策略是“市场中性套利”，具体而言是“通过电脑精密计算，发现不正常市场价格差，资金杠杆放大，入市套利”。斯科尔斯和默顿将金融市场历史交易资料，已有的市场理论、学术研究报告和市场信息有机结合在一起，形成了一套较完整的电脑数学自动投资模型。他们利用计算机处理大量历史数据，通过连续而精密的计算得到两种不同金融工具间的正常历史价格差，然后结合市场信息分析它们之间的最新价格差。如果两者出现偏差，并且该偏差正在放大，电脑立即建立起庞大的债券和衍生工具组合，大举套利入市投资；经过市场一段时间的调节，放大的偏差会自动回复到正常轨道上，此时电脑指令平仓离场，获取偏差的差值。

比如，在 1996 年，LTCM 大量持有意大利、丹麦、希腊政府债券，而沽空德国债券。LTCM 的模型预测，随着欧元的启动，上述国家的债券与德国债券的息差将缩减。最终，由于市场表现与 LTMC 的预测惊人的一致，LTCM 因此获得巨大收益。当年，长期资本基金的利润总额高达 21 亿美元之巨，收益率高达 57%（扣除手续费和利润提成后的收益率也达到 40.8%）。更加重要的是，他们的波动幅度非常小，整个 1996 年，没有任何一个月出现超过 1% 的月度亏损额。

照理，套利交易即使成功，其收益率也不会很高，LTCM 的收益率之所以高，秘密就在于充分利用财务杠杆扩大套利规模。LTCM 凭借着明星团队的影响力，不愁借不到钱。当时，向 LTCM 提供融资的银行有 55 家之多，各家银行生怕落后，纷纷自相杀价。正常情况下，借给客户的利率应该比伦敦银行间同业拆放利率（LIBOR）高 200 个基点，但是，银行借给 LTCM 的钱，其利率只比伦敦银行间同业拆放利率高 50 个基点。同时，LTCM 非常巧妙地利用交易所急于赚取服务费的心理，在交易时也只愿缴纳极少的保证金。就这样，在充分利用杠杆的作用下，LTCM 的交易规模被放大到无以复加的地步，1995 年，其金融衍生工具的总规模已经达到 6500 亿美元，而 2 年以后，这一数字达到 12500 亿美元。

（三）退资风波

1997 年最后一个季度，LTCM 宣布了令人震惊的减资决定，其理由是好的投资机会变得越来越难找，相对于投资机会而言，基金的资金实在太多了，当时掌握的资金接近 70 亿美元，几乎和美林证券持平。减资的计划是 1997 年底，将 1994 年开业之前投入的原始投资在该年度所获得的全部利润，以及以后投入的全部资本金及其应分配的利润，一次性全部退还给投资者，但 LTCM 及公司员工的投资并不在此列，此外，还不包括那些比较大的战略投资者。

计划一公布就激起了很大的争议，即使在内部也有反对声音，比如两位学术大师就都持反对意见。而投资者更是极度愤怒，纷纷指责 LTCM 无视投资者的利益，一心只为自己打算。他们要求将钱留下来，但都被拒绝。

尽管 LTCM 意识到投资机会减少而以减资来应对并非没有道理，但

LTCM 减资之后，资产规模并没有缩减，这意味着财务杠杆被进一步扩大。因此，减资背后的实际逻辑是：即使同等交易规模下收益率降低，但通过迫使外部投资者收回资金，LTCM 的合伙人扩大了自己在 LTCM 当中的份额，自有资本的收益率仍旧可以维持，其隐含的前提自然是仍旧对以往的交易策略充满自信。现在，LTCM 通过利用个人财务杠杆、公司财务杠杆，以及基金本身财务杠杆三位一体的互相关系，极大地扩大他们的资金规模，当然，所积欠的债务也达到了惊世骇俗的水平。

（四）大厦倾覆

1998 年，危机降临亚洲金融市场，LTCM 模型认为：发展中国家债券和美国政府债券之间利率相差过大，预测二者之间差距会缩小。于是利用从投资者那儿筹来的 22 亿美元作资本抵押，买入价值 3250 亿美元的证券，杠杆比率高达 60 倍。

1998 年 5 月，LTCM 的噩梦开始了。当月，该基金亏损 6.42%，6 月又亏损 10.14%，两个月使 LTCM 的资本减少了 4.61 亿美元。在金融危机中，大量金融机构的套利交易都面临亏损而斩仓，这使本来就被认为不合理的基差进一步扩大。7 月，所罗门兄弟也被迫退出套利交易业务，危机进一步加剧。在亏损扩大时，由于资金短缺，LTCM 被迫将一些本来很有希望赚钱的套利头寸在不利时点上解仓，因此使亏损进一步加大。

由于国际石油价格下滑，俄罗斯国内经济不断恶化。8 月 17 日，俄罗斯宣布卢布贬值，停止国债交易，将 1999 年 12 月 31 日前到期的债券转换成了 3～5 年期债券，冻结国外投资者贷款偿还期 90 天。这引起了国际金融市场的恐慌，投资者纷纷从新兴市场和较落后国家的证券市场撤出，转持风险较低、质量较高的美国和德国政府债券。8 月 21 日，美国 30 年期国债利率下降到 20 年来的最低点，同期，德国债券价格上涨，收益率降低，意大利债券价格下跌，收益率上升，原本预期的公债价差不仅没有收敛，反而进一步扩大，LTCM 因此两头亏损。8 月 31 日纽约股市大跌，全球金融市场一片“山雨欲来风满楼”的景象。8 月底之前，LTCM 已亏损了 18.5 亿美元的资本，正在走向破产边缘。

进入9月，LTCM的亏损还在一天天扩大，LTCM的筹资自救努力均告失败。本来，对美国而言，LTCM破产算不上什么，但现在华尔街担心的问题是LTCM还持有大规模的套利头寸，一旦这些头寸在市场上开始平仓，将会引发许多市场的连锁反应，导致整个金融体系的灾难性亏损。

情急之下，美联储只能打破以往不干涉立场的惯例，亲自出面组织金融机构债权人对LTCM的情况进行紧急会商。经过简单的审计评估，可见的总亏损约为46亿美元，看来，要避免金融市场更大的灾难，必须给予一笔36.25亿美元的援助。

随即展开的救助谈判可想而知，LTCM在谈判中毫无还手之力，这些金融机构给出了一个收购低价，在谈判中，巴菲特只给了对手不到一小时的时间接受这个交易。

9月23日，在美联储出面组织安排下，以美林、摩根为首的15家国际性金融机构与LTCM达成协议，由这些金融机构注资37.25亿美元购买LTCM的90%股权，共同接管该公司。LTCM的共同出资人获得10%、价值约4亿美元的股份，但这些钱全部都用于偿还债务，他们曾以自有资金投资LTCM的19亿美元，也全都消耗殆尽。

（五）结局

经过其他投资机构注资后，市场恐慌稍退，LTCM得以继续经营，解困案后的第一年获利10%。在2000年初，所有头寸被解除后，该基金被清算解散。

LTCM的整个轨迹犹如一部过山车，一路辉煌又走向败亡。期间，最大的受益者就是那批在1997年底被强迫撤资的外部投资者，想当初，他们苦苦哀求留在LTCM没有成功，没承想，正是这一强制行为挽救了他们。另外，在1998年危机发生之前，还有大约30多位投资者将他们在LTCM中的投资全额套了现，他们的收益更加可观。在减资行动中，一些待遇比较优惠、获准保留较多投资的幸运者，最后都亏了钱。

LTCM自身总的损失是非常惊人的。截至1998年4月，最初投入长期资本管理公司的每1美元投资累计增值了4倍，达到了4.11美元，但到了救助行动开始的时候（仅仅只过了5个月时间），最初投入长期资本管理公司的每1美元投资就只剩下区区33美分了。

和华尔街大多数银行的员工一样，LTCM员工们的报酬，主要来自年终奖金。由于LTCM员工大都将这部分奖金作为投资，投进了自己的公司，最后都落了个血本无归。不少员工都说："我们亏掉了自己所有的钱，最后落了个一场空。"

至于梅里韦瑟本人，在LTCM解困后，又带领一些旧部创办了新的避险基金JWM Partners。在1999年12月前，他们已募得2.5亿美元的基金。新基金延续许多LTCM的策略，当然，杠杆被大幅度降低了。然而，由于次贷风暴的影响，JWM Partners从2007年9月到2009年2月，公司旗下的相关价值机会二号基金蒙受了44%的亏损，JWM避险基金也最终于2009年7月宣告倒闭。

案例6 大奖赛总冠军的滑铁卢

2004年10月28日，《广州日报》和《新快报》同时刊发题为"长安银闰铖功5号暴跌将清盘"和"长安基金一专户单日暴跌23%或被迫清盘"的新闻稿，各路媒体随后纷纷跟进报道，一时间"银闰铖功5号"成为市场上的一个新闻热点，在搜索引擎中，"银闰铖功5号"一下多出了几万条。

要说私募基金清盘的消息，在国内早已不算什么新闻了。私募公司几千家、产品上万只，无论是到期清算还是中途因亏损清盘，乃属正常的死生之道，人们早已司空见惯，见怪不怪了。那么一个"银闰铖功5号"为什么能够成为市场热点呢？

（一）名动江湖

其原因在于"银闰铖功"的掌门人刘增铖乃是期货市场中名声赫赫的

顶级操盘手，在期货这个小众市场里，几乎是人人皆知。

有关资料显示，刘增铖原是公务员，1990 年开始进入证券市场，1992 年进入期货市场，2002 年开始组建自己的交易团队。2006—2011 年连续六年参加《期货日报》全国期货实盘交易大赛均荣获优胜奖。其中，2010 年以 689% 收益荣获全国趋势投资奖亚军以及获取年度混合投资奖季军，2011 年又荣获“笑傲江湖期货实盘大赛”赛季收益冠军。同年，正式辞去公务员工作，6 月 9 日在广州创办成立广州银闰投资有限公司，注册资金 100 万元。当年还被入选为广州名人网。

2012 年 8 月 15 日，银闰投资设立了一个名为“铖功程序化”的期货账户，9 月 27 日，又设立了“铖功超短交易”期货账户，但运作至年底，收益情况并不理想。“铖功程序化”在年底的净值为 0.9367 元，“铖功超短交易”在年底的净值为 1.0194 元。

2013 年，“铖功程序化”成为一匹典型的黑马，年底的累计净值高达 6.6834 元，当年收益率高达 613.51%。进入 2014 年 1 月后，该产品继续上行，1 月 8 日最高净值更是高达 8.6079 元。而另一账户“铖功超短交易”年底净值为 1.3967 元，收益相差巨大。同年 8 月 1 日，新开设的一个名为“铖功主观交易”的账户至年底的净值达到 2.0010 元，按年化收益率计算，也达到了 240%。

2012 年，私募冠军的收益率为 400%，而“铖功程序化”613.51% 的年收益率直接将其秒杀。私募排排网向其颁发“2013 年度中国最佳管理期货策略对冲基金”及“2013 年度对冲基金七大策略排名年度总冠军”称号。

（二）盛誉之下，何愁资金

如果说六次期货实盘交易大赛获奖，将刘增铖的声势越垫越高的话，“铖功程序化”的表现更如烈火烹油、鲜花着锦。媒体如追星族一般争相追捧，一时间，“常胜将军”“顶级操盘手”“趋势猎手”“冠军之王”等桂冠都从天而降，期货圈内的各种会议也都以能够邀请到这位“奇人”为荣。

紧接而来的不仅是采访、报道和会议中的鲜花，更重要的是资金。2014 年 2 月，通过财通基金发行银闰铖功 1 号；3 月，通过财通基金发行永安铖功 2 号，又和天弘基金合作发行铖功 3 号，还通过长安基金发行铖功 5 号；5 月，财通基金又成功发行了铖功 6 号和铖功 7 号。

铖功系列的发行条件相当优渥。比如规定认购费设 1%、年管理费 1.5%、最低认购金额为 100 万元。在利润分配上，通常设定为一年分配一次，收益率在 0～30%，按 20% 提成；30%～100% 的部分，按 30% 提成；超过 100% 的部分，按 50% 提成。在风控方面，分别规定了预警线、止损线和清盘线，在具体标准上不同的基金有所不同。

4 个月内铖功系列的六个期货基金均圆满地成功发行，这在期货界简直是一个奇迹，这就是媒体的力量，“常胜将军”的光环发挥了关键作用。

（三）清盘

10 月 29 日，一些知情人士开始在网上对清盘事件进行解析。31 日，刘增铖在网上发布道歉公开信。根据上述资料，大致可以描绘出清盘事件的来龙去脉。

10 月 23 日之前，铖功系列基金产品的净值都在 0.8～0.9 元，他需要一个极佳的行情来完成反转。刘增铖认为最近外盘原油大跌，国内前期化工产品大部分都跌幅可观，只有 PVC 期货跌幅较小，便将救命稻草押在了 PVC 期货的补跌上。

23 日 PVC 期货主力 1501 合约低开，刘增铖便以市价报单，做空 1501 合约，PVC 期货 1501 合约顺势跌停。

刘增铖的预想是在第二天顺势获利平仓，但令其没有想到的是，当天跌停后不久，1501 合约便涌现出不可小觑的多头力量，该合约在跌停板停留几分钟后开始大幅反弹。

面对上涨行情，刘增铖心有不甘，于是狠下心来，不断平掉其他品种的头寸，加空 PVC。当几个基金产品的资金用完后，他又将个人委托理财的资金，全部赌在 PVC 的空头上。

PVC 期货 1501 合约继续上涨，于是灾难开始发生了，个人账号由于仓位过重，导致部分被期货公司强平，相当部分在强平后净值只剩下 0.3 元左右。公开发行的几个产品，除了采用事前风控的期货公司外，其余采用事后风控措施的 4 只产品全部跌破强平线 0.7 元，滑至 0.6 元附近。

图 2 为 PVC 期货 1501 合约日 K 线图，图中，最低价的 K 线便是 10 月 23 日的 K 线，从图中可见，当天的交易量暴增。图 3 是 PVC 期货 1501 合约在 10 月 23 日当天的分时走势图。

图 2　PVC 期货 1501 合约日 K 线图

（四）评点

1. 重仓交易必然承担高风险

任何投资活动，收益和风险都是一对永恒的矛盾，也是投资者必须面对及处理的核心主题。对期货交易而言，由于具有杠杆作用，使这一对矛盾更显得尖锐。在期货交易中敢于重仓的交易者意味着放大杠杆，在看对行情时收益自然可观，若接连看对几次行情，收益可以非常惊人。然而，硬币的另一面是若看错行情，面临的损失风险也将是惊人的。

刘增铖无疑是一个敢于重仓交易的冒险者，实际上，从其最为成功也是被媒体追捧的“铖功程序化”的表现就能看出。

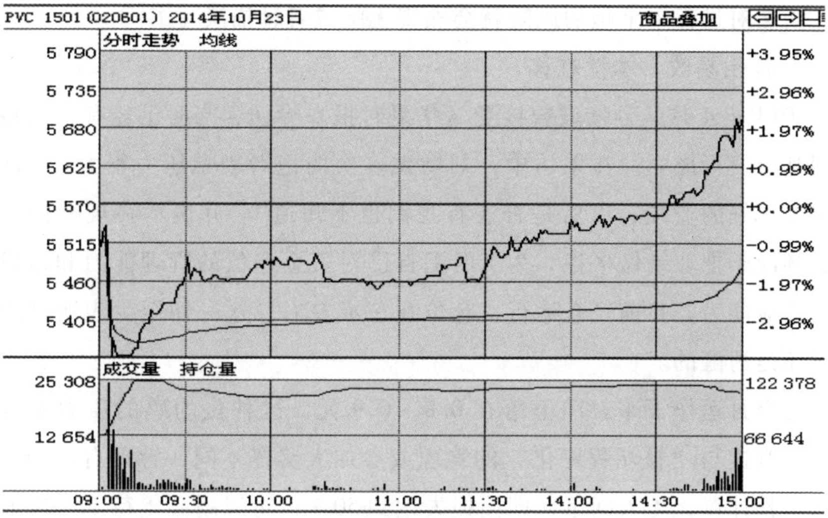

图 3　PVC 期货 1501 合约在 10 月 23 日当天的分时走势

图 4 显示，2013 年 3 月 22 日，“铖功程序化”第一次创下新高，净值达到 2.118 元，而在 6 月 5 日，净值回落至 1.0099 元，意味着损失率超过 50%；到 8 月 27 日，净值达到 4.9950 元，意味着不到三个月时间收益率几近 400%；而到 11 月 21 日，收益率回落至 200%，意味着利润吐掉了一半。

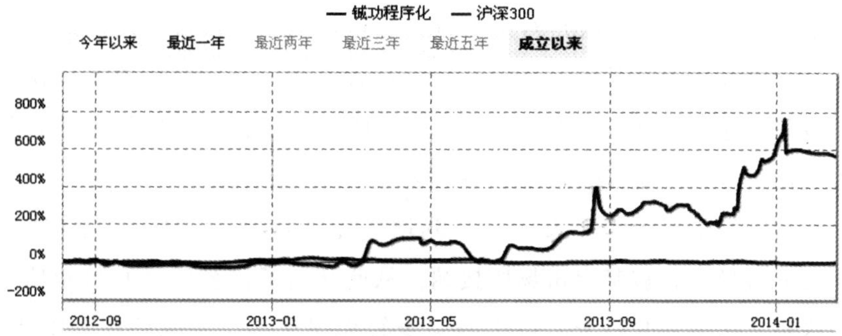

图 4　“铖功程序化”净值变化

净值或收益率大起大落的情况通常都与重仓有关，即使结果非常漂亮，也是承担高风险下的结果。媒体的宣传报道通常只看结果而不关注过程，当然对过程中承担的风险就会熟视无睹或者轻描淡写了。

2. 江山易改，本性难移

2014 年 4 月，刘增铖曾接受《华夏时报》专访，当时已经有几个铖功系列基金发行成立。在采访中，刘增铖多次向记者表示压力很大，“2013 年有这么好的业绩，以后是否还有我们也不知道”。并表示在规模做大之后更倾向于把业绩做平稳，为了匹配自己对资金仓位的管理能力和市场环境的适应能力，目前轻仓运行，仓位在三成左右。这一切至少表明刘增铖当时还是清醒的。

几个月运作下来，净值落在 0.8～0.9 元，这种焦灼感的压力不难理解。毕竟这与“铖功程序化”的管理或参加大奖赛不同，管理自己的资金可以从长计议，无人问讯，即使损失达到 50% 也可以耐心等待下一次操作机会，大奖赛更无压力，至多得不到名次而已。管理他人的资金是在众人的关注下进行的，心情和压力完全不一样。关键时刻，自认为可以博一把，潜意识中的重仓押注习惯又死灰复燃，正应了一句老话，“江山易改，本性难移”。但这一次，命运之神不再眷顾，一天内将预警线、止损线和清盘线悉数击溃，招祸之门仍旧是重仓。

刘增铖在道歉信中解释：当价格上涨触及其止损位时便决策平仓，但是多头不肯平仓，导致从止损位到最终平仓位产生明显滑点。似乎他在风控上已经做到位了，事故是对手不肯平仓造成的。但期货圈内的人士几乎都知道，PVC 是个小品种，平时的交易量就不大。流动性较差本身就是重要风险源，这几乎是交易者公知的常识。既然敢于在流动性较差的品种上用大单量出击，又何必埋怨对手不肯配合。

作为期货市场的草根交易者，刘增铖凭着六次大奖赛和“铖功程序化”的光辉形象，被基金市场所接纳，从此开始了代客理财的阳光私募之旅。这是一次华丽的转身。可惜的是身转而魂未换，一战即溃。正所谓：一声震得人方恐，回首相看已成灰。

3. 如何看待期货大奖赛

近年来，期货大奖赛在国内此起彼伏，如火如荼。从概率分布角度看，可以预料每次大赛既会出现一些高额获利者，同时也会出现大量的亏损者。大赛受到媒体的关注，特别是一些得奖者，在媒体的热情追捧下，纷纷被包装成期货市场的“英雄”，为他们获取客户的信任打开了方便之门。

和讯期货在10月30日发表署名零彧的一篇文章，题曰《一日暴跌23%私募冠军现形记》，文中披露了另一个期货大赛冠军导致投资者严重损失的案例。据说，投资者裴某通过投资公司找到国内某知名期货实盘大赛往届冠军郑某代为操盘，2014年2月26日投入1000万元，一开始一切都很美好，“最多的时候赚了700多万元”，3月9日，双方签下第二份协议，裴某追加投资3000万元人民币。但不久，第一笔资金的盈利在极短的时间内被蚕食殆尽，了结时只剩下682万元；而后续追加的3000万元亏损更多。亏红了眼、急于翻盘的裴某听从了郑某的建议，选择了海外期权作为“救命稻草”，结果又亏了近900万元。当被问及为什么在亏损的情况下还愿意继续追加资金让该操盘手交易时，裴某的回答是“因为他名气大”，“因为他是冠军”。

在期货大奖赛中，既有交易风格比较激进的，也有交易风格比较稳健的。激进的交易者形成两极分化，绝大部分在比赛中亏钱，严重的甚至将本金基本亏完，但这些交易者不会引起媒体的任何关注。只有极小一部分会脱颖而出成为幸运者。由于比赛结果以收益率排名，位于中间地带的稳健交易者反而不容易出头。如何看待这些激进风格的幸运者。他们究竟是找到了期货市场的金钥匙者还是偶然因素的幸运儿？投资者可得仔细分辨。

偶然因素有很多，比如，喜欢追涨杀跌的比赛者恰好遇到流畅行情，喜欢抄底摸顶的比赛者恰好遇到来回震荡行情。还有一些用小资金参与比赛者，抱着输光拉倒的心态，敢博敢赌，结果一击而中，排名遥遥领先。更有甚者，开设多个账户，既做空又做多，即使几个账户亏损，反正没人关注，只要有一个大胜，声名鹊起，就会被看作奇人。媒体在追捧这些冠军时，报道的信息通常是不完整的，可以说是充满误导成分的。

期货交易的风险始终存在，即使多年的成功者也不能保证不被市场淘汰，而对激进的交易者而言，如一直保持激进风格，最终被市场淘汰几乎是可以确定的。投资者在选择期货基金或操盘手时，首先应有自我保护意识，不要盲目地轻信他人的溢美之词。

案例7 张卫星黄金爆仓案[①]

2008年8月底，奥运会闭幕不久，北京高德黄金颐合金银制品有限公司（以下简称“高德黄金”）海外炒金“爆仓”导致清盘的新闻成为财经媒体的焦点。此案之所以引人关注，一大半原因是其主持人张卫星在国内股票市场、黄金市场具有极高的知名度。被称为“国内股改第一人”的张卫星，本身就是媒体采访的常客。

据媒体报道，2005年，在股市中亏损累累的张卫星逐渐将精力转向黄金市场。之所以如此，与其前阶段在黄金投资中颇为顺手有关。

《第一财经日报》在“张卫星爆仓记”中称：

在2005年12月1日的邮件中，张卫星表示，2003—2005年，他主要参与两类黄金投资，一类是实物黄金投资，一年半时间获利25%。另一类就是参与国际黄金市场的“MA展”（孖展）保证金交易，资金开户是在香港，经纪商也是香港公司，参与伦敦现货黄金。

张卫星称，其在2004年12月开户，开始参与国际黄金市场的现货保证金交易，1年的投资收益率已经超过了300%以上。“截至2005年11月在已经完成的157笔交易中，其中‘做多与做空’的两个方向的交易行为都有，盈利性交易笔数为153笔，亏损性交易为4笔。”

2006年，张卫星将主要精力投向了黄金市场。那一年，张卫星和几个朋友合伙创办了高德黄金，创办的初衷很简单：投资黄金。正如他当初所预料的，经过两年多的发展，借助黄金牛市的增长，公司取得了比较好的收益。比如，该公司的金条和金币，在北京市场销售量位居三甲。2007年

① 本案例引自《钢材期货教程》（刘仲元著，东方出版中心2009年版）第六章。

高德黄金仅在北京就卖出1吨多黄金，金币和金条也卖出了几万盎司，并且也给投资者带来了很可观的收益。由于几年来身体力行，在各种场合的演说或者在媒体上一直发表黄金看涨的评论，张卫星又得到了一个新的雅号，那就是“黄金推销员”。

2001年，世界黄金在历经20年的熊市后首度企稳，2002—2004年，金价分别登上300美元/盎司、400美元/盎司、450美元/盎司整数关，2005年，又登上了500美元/盎司，2006年上半年内连破600美元/盎司、700美元/盎司，接下来回调了5个月，2006年10月，黄金从570多美元/盎司开始重拾升势，2007年底，终于突破800美元/盎司历史上最后一个整数关。

张卫星一路唱多，一路买多，黄金一路上涨。在这种背景下，张卫星的名声越来越响，高德黄金的业务也越来越红火。“作为一个黄金投资者，不论是自有资金的投资，还是代理客户资金的投资，2006—2007年，我们的收益率达到300%。我们的公司也取得了快速的发展，从当初很小的资金积累，到现在，已经可以满足我们按照自己的想法去做一些事情了。”张卫星说。

2008年7月15日，国际黄金现货价格达到每盎司988.20美元，7月16日黄金价格从高位下跌，然而张卫星依然一如既往地坚持做多策略，随后的一个月里，国际金价雪崩式暴跌，到了8月15日金价已跌破800美元/盎司关口。2007年8月至2008年9月的伦敦金日K线图如图5所示。2008年8月29日，刻薄的媒体以“黄金界超级死多头、牛人张卫星爆仓了!”为标题予以报道。

据说，张卫星在黄金衍生品交易中损失数千万元。张卫星在接受记者采访时感叹道：“仓位太重了，否则再坚持一段时间，或许还可以全身而退。”9月22日国际现货黄金价格曾一度重回900美元/盎司，然而对于已被迫离场的张卫星来说，已经没有任何意义了。

图 5　伦敦金日 K 线图（2007 年 8 月至 2008 年 9 月）

事后，张卫星承认操作计划上出现了失误，他解释道：做黄金做了很多年，过去每年在 6 月、7 月、8 月到来年的 2 月之间都是牛市，于是在 6 月、7 月开始建好了仓，准备放到春节的时候，遭遇 20 多年黄金市场上未见的最大的一个暴跌，使我们本身在正常年份的安全仓位，在比例和资金上都经受不住了。过去我们统计过，大概的波动幅度在百分之十几到百分之二十几，但是这一次的波动幅度达到将近百分之三十，所以才出现了惨重的损失。

附录二

期货术语名词解释

1. 期货合约（Futures Contract）：指由期货交易所统一制定的、规定在将来某一特定的时间和地点交割一定数量和质量实物商品或金融资产的标准化合约。

2. 远期交易（Forward Transaction）：就是买卖双方约定在将来进行钱货交收的交易行为。

3. 交割（Delivery）：是指期货合约到期时，交易双方通过该期货合约所载商品所有权的转移，了结到期未平仓合约的过程。

4. 仓单（Warrant）：交割仓库签发的可用于期货合约标的商品交割的商品所有权证明书，系不记名票证。

5. 成交量（Volume）：是指某一期货合约在当日成交合约的双边累计数量，单位为“手”。

6. 保证金（Margin）：又称按金，在期货等保证金交易里，买卖双方只需按一定比例支付保证金给经纪商即可从事期货等交易，保证金目的是作为交易双方履约的保证。

7. 基差交易（Basis Trading）：它是指进口商用期货市场价格来固定现货交易价格，从而将价格波动风险转移出去的一种套期保值策略。

8. 套期保值（Hedge）：指在期货市场上买入（或卖出）与现货市场头寸方向相反、数量相等的同种商品的期货合约，进而无论现货供应市场价格怎样波动，最终都能取得在一个市场上亏损的同时在另一个市场盈利的结果，并且亏损额与盈利额大致相等，从而达到规避风险的目的。

9. 结算价（Settlement Price）：是指根据交易结果和交易所有关规定对会员交易保证金、盈亏、手续费、交割货款和其他有关款项进行的计算、划拨。商品期货的当日结算价都是按如下规则产生：该期货合约当日成交价格按照成交量加权平均计算，如果当日该合约没有成交，则以上一交易日的结算价作为当日结算价。

10. 收盘价（Closing Price）：是指某期货合约在期货交易所一天交易活动结束前最后一笔交易的成交价格。

11. 股指（Stock Index）：股票价格指数的简称，是由证券交易所或金融服务机构等编制的表明股票行情变动的一种供参考的指标。

12. 最小变动价（Minimum Change Price/Minimum Tick）：最小价格波幅又称最小变动价位，是指在进行某一商品的期货交易时报价的最小变动额。最小价格波幅是由交易所根据其商品期货合约的实际交易情况而自行确定的。

13. 最后交易日（Last Trading Day）：期货或期权合约允许的交收月份的最后截止日。合约到最后交易日后必须以现货、金融工具或根据期货合约的协议作结算。

14. 持仓（Position）：在实物交割或者现金交割到期之前，投资者可以根据市场行情和个人意愿，自愿地决定买入或卖出期货合约，持有期货合约，则称为持仓。无论是买还是卖，凡是新建头寸都叫建仓，操作者建仓之后手中就持有头寸，这就叫持仓。

15. 违约（Default）：是指期货多头或空头违反期货合约规定义务的行为。

16. 当日结算（Daily Settlement）：就是每天按照当日的结算价对交易者所持有的头寸进行结算。

17. 平仓（Close Position）：是指期货交易者买入或者卖出与其所持期货合约的品种、数量及交割月份相同但交易方向相反的期货合约，了结期货交易的行为，简单地说就是“原先买入的就卖出，原先是卖出的就买入”。

18. 开仓（Open Position）：即建仓，在交易中通常有两种操作方式，一种是看涨行情做多头（买方），另一种是看跌行情做空头（卖方）。无论是做多或做空，下单买卖就称为开仓。

19. 爆仓（Margin Call）：爆仓是指账户权益为负数，意味着期货保证金不仅全部亏光而且还倒欠期货公司钱。

20. 多头（Long）：在期货交易中，买进期货合约者称为多头。

21. 空头（Short）：在期货交易中，卖出期货合约者称为空头。

22. 多头换手（Long Turnover）：当原来持有多头的交易者卖出平仓，但同时，新的多头又开仓买进时称为多头换手。

23. 空头换手（Short Turnover）：是指原来持有空头的交易者在买进平

仓，但新的空头在开仓卖出。

24. 开盘价（Opening Price）：开盘价由集合竞价产生。集合竞价的方式是：每一交易日开市前5分钟内，前4分钟为期货合约买卖价格指令申报时间，后1分钟为集合竞价撮合时间，产生的开盘价随即在行情栏中显示。

25. 收盘价（Closing Price）：通常以该合约当日最后一笔成交的价格作为收盘价。

26. 最新价（Latest Price）：该交易日当前所成交的最新成交价格。

27. 牛市（Bull Market）：基本趋势持续上升时形成的投机者不断买进证券，需求大于供给的市场现象。

28. 熊市（Bear Market）：空方在市场中占主导地位，做多氛围严重不足，一般就称为熊市。

29. 杠杆机制（Leverage Mechanism）：合约价值与保证金的倍数所发挥的作用。保证金比例越低，杠杆也就越大，资金的利用率也就越高。

30. 套利（Arbitrage）：交易者针对市场上两个相同或相关资产暂时出现的不合理价格差而同时进行一买一卖的交易行为。

31. 买进套期保值（Long Hedge）：交易者先在期货市场买进期货，以便在将来现货市场买进时不至于因价格上涨而给自己造成经济损失的一种期货交易方式。

32. 卖出套期保值（Short Hedge）：现货商因为担心价格下跌而在期货市场上卖出期货，目的是锁定卖出价格。

33. 跨期套利（Interdelivery Spread）：对同一交易所内同一品种不同交割月份的期货合约进行的一买一卖的套利交易。

34. 跨市套利（Intermarket Spread）：如果套利是在不同的交易所进行的，套取的是市场间价差，则通常称为跨市套利。

35. 跨品种套利（Intercommodity Spread）：如果套利的资产是不同但有相互关联的商品，套取的是跨品种价差，则称为跨品种套利。

36. 投机（Speculate）：是指单边买进（卖出）期货合约，属于单边交易。买入（卖出）投机者寄希望于价格绝对水平上涨（下跌）而获利，价格上涨（下跌）的幅度越大，得到的投机利润也就越大；反之，如果行情出现不利于投资者的变化，则亏损额也会很大。

37. 牛市套利（Bull Spread）：对于大多数商品期货来说，当市场是牛市（看涨的）时，较近月份的合约价格上涨幅度往往要大于较远合约价格的上涨幅度。因而，较远月份合约价格与较近月份合约价格之间的价差往往会缩小。在这种情况下，买入较近月份的合约同时卖出较远月份的合约进行套利盈利的可能性比较大，通常将这种套利方式称为牛市套利。

38. 熊市套利（Bear Spread）：是指卖出较近月份的合约同时买入较远月份的合约，这正好与牛市套利策略相反。之所以称熊市套利，是因为一般认为当市场是熊市时，较近月份合约价格下降的幅度通常大于较远月份合约价格的下降幅度，较远月份合约价格与较近月份合约价格之间的价差往往会扩大。如果后市确实是这样的，则卖出较近月份的合约同时买入较远月份的合约进行套利，盈利的可能性就比较大。

39. 商品产品套利（Commodity - Product Spread）：如果在这些原材料品种与其制成品之间进行套利交易，就称为商品产品套利。

40. 原油提炼套利（The Refining of Crude Oil Arbitrage）：在原油系列产品的套利中，买入原油期货合约的同时卖出相同月份的燃料油或汽油的期货合约，这种套利称为原油提炼套利。

41. 反向原油提炼套利（The Reverse of Refining Crude Oil Arbitrage）：在原油系列产品套利中，卖出原油期货合约的同时买入相同月份的燃料油或汽油的期货合约，这种套利称为反向原油提炼套利。

42. 大豆提油套利（Soybean Oil Extraction Arbitrage）：在大豆系列产品的套利中，买入大豆期货合约的同时卖出相同月份的豆油和豆粕期货合约，这种套利称为大豆提油套利。

43. 反向大豆提油套利（The Reverse of Soybean Oil Extraction Arbitrage）：卖出大豆期货合约的同时买入相同月份的豆油和豆粕期货合约，这种套利称为反向大豆提油套利。

44. 市盈率（P/E Ratio）：也称“本益比”“股价收益比率”或“市价盈利比率”。市盈率是最常用来评估股价水平是否合理的指标之一，由股价除以年度每股盈余（EPS）得出（以公司市值除以年度股东应占溢利亦可得出相同结果）。

45. 基本面分析（Fundamental Analysis）：通过分析商品供求因素来预测价格走势。

46. 技术分析（Technical Analysis）：技术分析是借助图形和技术指标来对商品的价格走势进行分析。

47. 抢帽子者（Scalpers）：又称逐小利者，是利用微小的价格波动来赚取微小利润，他们频繁进出，但交易量很大，希望以大量微利头寸来赚取利润。

48. 平均买低（Average Down）：平均买低是指初始建仓买入合约后，价格有所下降则进一步买入合约，以求降低平均买入价，一旦价格反弹可在较高价格上卖出止亏盈利。

49. 平均卖高（Average Up）：初始建仓卖出合约后，价格有所上升则进一步卖出合约，以提高平均卖出价格，一旦价格回落可以在较低价格上买入止亏盈利。

50. 止盈（Ake Profits）：持有者预测所持仓的证券或期货的风险越来越大而采取的停止盈利、见好就收的行为。

51. 止损（Stop Loss）：是指当某一投资出现的亏损达到预定数额时，及时斩仓出局，以避免形成更大的亏损。其目的就在于把损失限定在较小的范围内。

52. 锁仓（Lock）：是指期货交易者做数量相等但方向相反的开仓交易，不管期货价格向何方运动（或涨或跌）均不会使持仓盈亏再增减的一种操作方法。

53. 满仓（Full Exposure）：就是把账户里所有的资金都全部拿来建仓，不留一分回旋余地。

54. 资金管理（Fund Management）：指资金的配置问题，其中包括投资组合的设计、多样化的安排、在各个市场上应分配多少资金去投资、止损点的设计、报偿与风险比的权衡、在经历了成功阶段或挫折阶段之后采取何种措施，以及选择保守稳健的交易方式还是积极大胆的交易风格等方面。资金账户的大小、投资组合的搭配以及在每笔交易中的金额配置等，都能影响到最终的交易成绩。

55. 均衡价格（Equilibrium Price）：是指一种商品需求量与供给量相等时的价格。

56. 需求量（Demand）：是消费者在不同的价格下所希望能够购买的同种商品的数量。

57. 供应量（Supply）：一种产品或服务的供给量，是生产者在某一既定时期内，在某一价格水平上计划出售的某种商品的数量。

58. 经济周期（Economic Cycle）：也称商业周期、景气循环。经济周期一般是指经济活动沿着经济发展的总体趋势所经历的有规律的扩张和收缩。它分为繁荣、衰退、萧条和复苏四个阶段。

59. 衰退（Recession）：当经济中总产出、收入和就业连续两个季度以上的明显下降，经济中很多部门出现普遍收缩，则这种经济下降称为衰退。

60. 通货膨胀（Inflation）：在信用货币制度下，流通中的货币数量超过经济实际需要而引起的货币贬值和物价水平全面而持续的上涨的现象，被称为通货膨胀。

61. 滞胀（Stagnation）：停滞性通货膨胀，简称滞胀或停滞性通胀，在经济学，特别是宏观经济学中，特指经济停滞，失业及通货膨胀同时持续高企的经济现象。

62. 财政政策（Fiscal Policy）：是指国家根据一定时期政治、经济、社会发展的任务而规定的财政工作的指导原则，通过财政支出与税收政策的变动来影响和调节总需求。财政政策是国家整个经济政策的组成部分。

63. 货币政策（Monetary Policy）：是指政府或中央银行为影响经济活动所采取的措施，尤指控制货币供给量以及调控利率的各项措施。

64. 汇率政策（Exchange Rate Policy）：是指一国政府利用本国货币汇率的升降来控制进出口及资本流动以达到国际收支平衡的目的。汇率政策的国际协调可以通过国际融资合作、外汇市场的联合干预以及宏观经济政策进行。

65. 汇率（Exchange Rate）：是一种货币兑换另一种货币的比率。

66. 利率（Interest Rate）：表示一定时期内利息量与本金的比率，通常用百分比表示，按年计算则称为年利率。

67. 头寸限制（Position Limit）：交易所限定的交易者可以持有某种期货合约的最大数量，又叫限仓。

68. 支撑线（Support Line）：受利空信息的影响，价格跌至某一价位附近时，投资者认为当前价格区间有利可图，大量买进，使价格不再下跌，甚至出现回升趋势。价格下跌时遇到的支撑关卡称为支撑线。

69. 阻力线（Resistance Line）：价格上涨到达某一价位附近，出现大量的卖盘，价格停止上扬，甚至回跌，此价位线就叫阻力线或压力线。

70. 跳空缺口（Gap）：指在上涨行情中，当期 K 线图中的最低价比上期 K 线图中的最高价还要高，在连续图形上留下了个空档；反之，在下跌行情中，当期 K 线图中的最高价比上期 K 线图中的最低价还要低，亦可形成空档图形，称为跳空缺口。

71. 反转形态（Reversal Pattern）：这种形态的图形表示价格的原有走势将要逆转，也就是将要改变原先的走势方向，例如，原来的上升趋势变成下降趋势，或原来的下降趋势将变成上升趋势。反转形态的典型图形有双顶形、头肩形和 V 形等。

72. 持续形态（Continuous Pattern）：多空双方不会是一方始终占上风，多空双方有一段时间会陷入拉锯战，然后再向实力强的一方倾斜。在价格变化过程中形成的这种相持图形，即为持续形态。

73. 移动平均线（MA）：移动平均线是在收盘价平均计算的基础上做出的，首先是用最近 N 天的收盘价进行平均计算，计算方法大多为简单算术平均，得出 N 天的平均价，随计算日的推移，在图上不断标出新的平均价，并将其连起来，就得到移动平均线。

74. 指数平滑移动平均线（MACD）：指数平滑移动平均线的原理是运用快慢速移动平均线聚合与分离的功能，加以移动平滑运算，用于研判买卖时机和信号。

75. 相对强弱指标（RSI）：在期市中多空双方的气势很重要，一定程度上它可以决定市场走向，相对强弱指标就是反映市场气势强弱的指标。

76. 期权（Option）：又称为选择权，指在未来一定时期可以买卖的权利，是买方向卖方支付一定数量的资金（指权利金）后拥有的在未来一段时间内（指美式期权）或未来某一特定日期（指欧式期权）以事先规定好的价格（指履约价格）向卖方购买或出售一定数量的特定标的物的权利，但不负有必须买进或卖出的义务。

77. 看涨期权（Call Option）：是指期权的买方向卖方支付一定数额的权利金后，即拥有在期权合约有效期内按执行价格向期权卖方买入一定数量的标的物的权利，但不负有必须买进的义务。

78. 看跌期权（Put Option）：是指期权的买方向卖方支付一定数额的权利金后，即拥有在期权合约有效期内按执行价格向期权卖方卖出一定数量的标的物的权利，但不负有必须卖出的义务。

79. 欧式期权（European Option）：是指买入期权的一方必须在期权到期日当天才能行使的期权。

80. 美式期权（American Option）：是指可以在成交后有效期内任何一天被执行的期权。

81. 行权价格（Executive Price/Strike Price）：是指期权买方向卖方购买或出售标的物的价格。

82. 实值期权（In The Money Option）：当看涨期权的行权价低于当时标的物市场价时，对期权的买方是有利的，或当看跌期权的行权价高于当时标的物市场价时，对期权的买方是有利的，这种期权被称为实值期权。

83. 虚值期权（Out Of The Money Option）：当看涨期权的行权价高于当时的市场价格时，期权的买方行权是不利的，或当看跌期权的行权价低于标的物当时的市场价格时，期权的买方行使执行权是不利的，这种期权称为虚值期权。

84. 平值期权（at The Money Option）：无论看涨期权还是看跌期权，当执行价格等于标的物当时市场价格时，该期权就是平值期权。

85. 内涵价值（Intrinsic Value）：是指如果能立即以行权价来行权时可获得的总利润，实际上它就是实值期权中的实值部分。

86. 时间价值（Time Value）：是指期权价格扣除内涵价值后剩余的部分，即权利金中超出内涵价值的部分，也被称为外延价值。

87. 权利金（Premium）：即买卖期权合约的价格，是期权的买方为获取期权合约所赋予的权利而必须支付给卖方的费用，其多少取决于敲定价格、到期时间以及整个期权合约。对期权的卖方来说，权利金是卖出期权的报酬，也就是期权交易的成交价。

参考资料

［1］中国期货业协会编：《期货市场入门》，中国财政经济出版社2006年版。

［2］中国期货业协会编：《怎样进行期货交易》，中国财政经济出版社2006年版。

［3］中国期货业协会编：《套期保值与套利交易》，中国财政经济出版社2006年版。

［4］刘仲元著：《股指期货教程》，上海远东出版社2007年版。

［5］刘仲元著：《钢材期货教程》，东方出版中心2009年版。

［6］刘仲元著：《股指期权教程》，上海远东出版社2014年版。

［7］中国期货业协会网站，www. cfachina. org。

［8］上海期货交易所网站，www. shfe. com. cn。

［9］大连商品交易所网站，www. dce. com. cn。

［10］郑州商品交易所网站，www. czce. com. cn。

［11］中国金融期货交易所网站，www. cffex. com. cn。

［12］美国期货工业协会网站，www. futuresindustry. org。

后记

本书是《期货投资者保护丛书》之一，旨在向投资者介绍期货和衍生品基础知识，为投资者参与期货交易提供指导和帮助。本书是从第一版修订而来，此次修订更新了理论知识、市场数据，使内容更加符合市场现状。在编写过程中，本书力求内容全面、准确权威、通俗易懂、紧扣实际。投资者在参与期货交易前，可以通过阅读本书对期货市场和期货交易进行初步了解，在交易过程中遇到疑问，也可以查阅本书相关部分，寻求答案。

本书由中国期货业协会组织编写，北京物资学院马刚、天津商业大学邵永同承担具体的编写任务，中国财政经济出版社负责具体出版事宜。

在此，我们向第一版编写人员——刘仲元、李宏涛表示衷心感谢！向所有在本书编写和出版过程中付出辛勤劳动的朋友表示衷心感谢！由于本书编写时间较紧，如有疏漏之处，欢迎广大读者批评指正。

中国期货业协会

2022 年 4 月

书单

FUTURES

一、系列

序号	系列
（一）	期货投资者教育系列丛书
（二）	金融衍生品系列丛书
（三）	中国期货业发展创新与风险管理研究
（四）	中国期货市场年鉴
（五）	“讲故事 学期货”金融国民教育丛书
（六）	全国期货从业人员资格考试参考用书
（七）	服务实体经济系列
（八）	期货投资者保护丛书
……	……

二、明细

（一）期货投资者教育系列丛书

序号	书名	书号
1	铜期货	978-7-5223-0293-5
2	精对苯二甲酸（PTA）	978-7-5095-3189-1
3	玉米	978-7-5095-3193-8
4	铝	978-7-5095-3181-5
5	小麦	978-7-5095-3183-9
6	锌	978-7-5095-3190-7
7	线型低密度聚乙烯（LLDPE）	978-7-5095-3184-6

续表

序号	书名	书号
8	早籼稻	978-7-5095-3076-4
9	棉花	978-7-5095-3033-7
10	燃料油	978-7-5095-3034-4
11	菜籽油	978-7-5095-2025-3
12	聚氯乙烯	978-7-5095-2592-0
13	棕榈油	978-7-5095-2589-0
14	黄金	978-7-5095-2532-6
15	白糖期货	978-7-5095-8814-7
16	豆类期货	978-7-5095-8815-4
17	焦炭	978-7-5095-4080-0
18	甲醇	978-7-5095-4093-0
19	铅	978-7-5095-4086-2
20	鸡蛋期货	978-7-5095-5803-4
21	铁矿石期货	978-7-5095-5809-6
22	纤维板、胶合板期货	978-7-5095-5810-2
23	石油沥青期货	978-7-5095-5816-4
24	菜籽系期货	978-7-5095-5743-3
25	白银期货	978-7-5095-5955-0
26	玻璃期货	978-7-5095-5697-9
27	动力煤期货	978-7-5095-5802-7
28	稻谷期货	978-7-5095-5826-3
29	原油期货	978-7-5095-7708-0
30	苹果期货	978-7-5223-0455-7
31	花生期货	978-7-5223-0967-5
32	生猪期货	978-7-5223-0851-7
33	天然橡胶期货	978-7-5223-1184-5
34	钢材期货	978-7-5223-1175-3
……	……	……

（二）金融衍生品系列丛书

序号	书名	书号
1	股指期货（第二版）	978-7-5095-9432-2
2	场外衍生品（第二版）	978-7-5095-9596-1
3	国债期货（第二版）	978-7-5095-9601-2
4	金融期权（第二版）	978-7-5095-9598-5
5	外汇期货（第二版）	978-7-5095-9597-8
6	结构化产品（第二版）	978-7-5095-9600-5
7	金融衍生品习题集（第二版）	978-7-5095-9599-2

（三）中国期货业发展创新与风险管理研究

序号	书名	书号
1	中国期货业发展创新与风险管理研究（8）	978-7-5095-6907-8
2	中国期货业发展创新与风险管理研究（9）	978-7-5095-7523-9
3	中国期货业发展创新与风险管理研究（10）	978-7-5095-8144-5
4	中国期货业发展创新与风险管理研究（11）	978-7-5223-0213-3
……	……	……

（四）中国期货市场年鉴

序号	书名	书号
1	中国期货市场年鉴（2015年）	978-7-5095-6924-5
2	中国期货市场年鉴（2016年）	978-7-5095-7503-1
3	中国期货市场年鉴（2017年）	978-7-5095-8331-9
4	中国期货市场年鉴（2018年）	978-7-5095-9079-9
5	中国期货市场年鉴（2019年）	978-7-5095-9869-6
……	……	……

（五）“讲故事 学期货”金融国民教育丛书

序号	书名	书号
1	走进期货	978-7-5095-7095-1
2	如何进行期货交易	978-7-5095-7092-0
3	期货的套保和套利	978-7-5095-7093-7
4	期货交易中的“规矩”	978-7-5095-4355-9

续表

序号	书名	书号
5	金属期货	978-7-5095-7087-6
6	农产品期货	978-7-5095-7104-0
7	能化期货	978-7-5095-7088-3
8	金融期货	978-7-5095-7094-4
9	期权	978-7-5095-7217-7
10	场外衍生品	978-7-5095-7091-3

（六）全国期货从业人员资格考试参考用书

序号	书名	书号
1	期货及衍生品基础（第三版）	978-7-5223-1005-3
2	期货法律法规与职业道德	978-7-5223-0997-2
3	期货及衍生品分析与应用（第四版）	978-7-5223-0998-9

（七）服务实体经济系列

序号	书名	书号
1	期货行业主力复工复产案例集	978-7-5223-0168-6
2	期货服务实体经济案例集	978-7-5095-8029-5
……	……	……

（八）期货投资者保护丛书

序号	书名	书号
1	期海导航——期货投资常识与基础知识	978-7-5223-1045-9
……	……	……

咨询电话：010-88190912

咨询邮箱：jiayanping@cfemg.cn